來自台灣不同角落的真實感動

認真

20個突破生命框架的故事

蘇惠昭
駱亭伶
方雅惠——著

推薦序 一

認真，活出最好的自己

台新金控董事長　吳東亮

十六年前，台新銀行推出了一系列「認真的女人最美麗」的電視廣告，運用人們渴望被讚美與肯定的心理，將「認真」這個重要的處世態度，成功地傳遞出去。不僅拿下廣告界的好幾個大獎，更重要的是，贏得了消費者的認同。

一直以來，認真，正是個人及旗下企業奉行的行事準則。看似微小平凡的兩個字，實則飽含了專注、堅持、用心、永不放棄等力量。從高球天后曾雅妮乃至本書所介紹的二十位人物身上，都可以清楚看到。

台灣第一名伶魏海敏小姐，即便已經頂尖出眾，卻從不自滿，時時探尋「還有什麼是我該做的？如何能再更上一層樓？」隨時都在為上台做好準備。李文煌、翁良材，兩位「看天吃飯一世人」的稻農，不僅用心種出最高品質的稻米，還挑戰行之有年的農糧經銷體制，凝聚稻農，成功建立產銷合一的新模式。

此外，「認得自己的真，活出最嚮往的真」，也是認真的另一種體現。倒立先生黃明正，在認清自己的天賦後，不畏流俗地選擇了跟多數人都不一樣的路來走。認真無懼的精神，讓人既羨慕又佩服。而他，其實還不滿三十歲。優人神鼓的劉若瑀與黃誌群、黃明川導演、豪華朗機工的四位年輕人，都在經歷過一些轉折後，認清自己渴望的道路，然後全力以赴。還有，曾是我工作上的好夥伴林克孝，不論在金融專業還是個人興趣上，都淋漓盡致地實踐了「認真」的真義。他的生命雖然短暫，卻絕對精采。

身為本土銀行，二十年一路走來，台新銀在本業上秉持「認真」精神，深耕服務每一位客戶。在金融本業之外，不管是藝術推廣或是支持公益，台新同樣秉持著「認真」的理念，善盡企業社會責任。二〇〇三年起，推動一系列「關懷台灣」活動及舉辦「台新藝術獎」，持續發掘且關注在不同領域認真堅持並發光發熱的人、事、物，希望為社會帶來更多正面能量。本書報導的二十位人物，正是歷年台新藝術獎及關懷台灣系列的主角。

今年，適逢台新銀行成立二十週年的此刻，我們決定捨棄以熱鬧高調的活動來慶生，而是邀請書法大家董陽孜女士題筆寫下蒼勁有力的「認真」二字，獻給每一位生長於斯的台灣人，並以此精神與全體同仁共勉。未來，我們仍將繼續和各位一起打拚，讓自己、讓台灣都能更好。

推薦序 二

只要認真專注在過程，結果就會是好的

世界第一女子高爾夫球后　曾雅妮

經常有人問我：「嘿，雅妮，你的成功關鍵是什麼？」儘管我會因當時所處的心情與環境，而有不盡相同的回答，但終究不脫「認真」兩字。

在我看來，不僅對事要認真，對人也要認真。

剛接觸高爾夫這項運動時，我並不清楚自己是不是所謂「有天分」的人，但我記得八歲開始，每週一到週五的晚上，我都會去練習場練球兩小時，週末再到球場打九洞、十八洞，風雨無阻。國中開始，經常往返美國參加大小比賽。十多年下來，在不間斷的練習、比賽當中，我慢慢了解到，「天分」、「運氣」都只是一時的，唯有「認真」地做好每一個動作、專注在每一次揮桿，才能讓我走得長、走得遠。

記得剛轉入職業界參加各個比賽時，身邊都是歐美、日本、韓國等地的明星級好手，對於初出茅廬的我來說，要打進她們的圈子並不容易，也曾因此感到委屈。但我相信，只要以真、以誠相待，終究能夠得到認同。現在，也和大家成為相互欣賞、鼓勵的好朋友。

相較於二〇一一年的大豐收，二〇〇九對我來說，可以說是黑暗的一年。一連串的失誤，讓我對自己的能力產生懷疑，情緒更是繃到極點。除了求助心理諮商以外，我的偶像、已退休的高爾夫球后索倫斯坦（Annika Sorenstam）的一句「只要認真專注在過程，結果就會是好的」看似簡單的話，確實改變了我的心態，讓我在比賽中更能心無旁騖地做好每一桿，化壓力為前進的動力。

過去的經歷讓我收穫良多，其中包含成為台新金控的品牌代言人。透過台新二十週年推出的《認真：20個突破生命框架的故事》，讓我認識了書中提及的其他認真人物。他們和我一樣，經歷過許多起伏轉折。同樣地，我們都憑著「認真把一件事做好」、「認真做好每件事」的態度，在不同領域有亮眼成果。相信有更多年輕朋友在看完這本書之後，都能得到啟發。

讓我們為彼此加油！

目錄

推薦序一 認真，活出最好的自己——吳東亮
推薦序二 只要認真專注在過程，結果就會是好的——曾雅妮

雲林信義育幼院院長 吳文輝 10 那些孩子教會我的事
台灣米王 李文煌 22 盡力做，老天就會給希望
台灣京劇第一名伶 魏海敏 32 我的人生是為了上台做準備
倒立先生 黃明正 44 我的天賦、夢想與土地
作家、夢想學校創辦人 王文華 56 永遠活在live
優人神鼓 劉若瑀、黃誌群 66 踩好當下的每一步
養蜂達人 吳俊賢 78 每次失意都成為一種動力
台中稻農、秧苗達人 翁良材 88 懷著野望之心，為稻農出頭
無垢舞蹈劇場藝術總監 林麗珍 98 夠拙，才能認分地做好工作

新型態自由畫會 新台灣壁畫隊 108 讓藝術在常民巷弄遍地開花

新媒體藝術團隊 豪華朗機工 118 天氣好不好我們都要飛

資深媒體人 鄭家鐘 128 一次做兩份工作比較划算

莎士比亞的妹妹們的劇團團長 王嘉明 138 玩得兇，也要守規則

和菓森林紅茶莊園主人 石茱樺、陳彥權 148 立志打造百年紅茶莊園

新世代藝術家 崔廣宇 158 我與我的生活實驗

獨立製片人 黃明川 168 理想的追尋與移動

香茶巷四十號紅茶主人 許堂坤 178 認真做下去，紅茶就是傳家寶

國姓國中空手道隊教練 黃泰吉、廖德蘭 188 找回愛與勇氣的空手道

南投晨軒梅主人 王貴香 200 為爛熟梅子找出路

前台新金控總經理 林克孝 210 永不停止找路的勇者

20 個突破生命框架的故事

雲林信義育幼院院長

吳文輝

膽敢帶育幼院的孩子去爬山、單車環島，吳文輝是台灣第一人。因為他相信，孩子若在生命過程中累積了足夠的正向經驗，就是擺脫惡性循環的開始，一切將會往好的方向走。二〇一二年，這群單車小天使將跟著院長叔叔挑戰北京到福州的單車路線，寫下另一個奇蹟。

那些孩子教會我的事

西螺如果有第四大特產，鐵定是信義育幼院院長吳文輝。

西螺有七崁，西螺還有三大特產：西螺米、西螺醬油，以及每年十月到三月枯水期，強勁的東北季風將濁水溪裸露河床的細沙吹向西螺等六個鄉鎮的風吹沙。講起「吃飯配沙」的風吹沙，五十歲理小平頭的吳文輝就笑哈哈，當它是生活的一部分。好像也沒什麼不對，區區風吹沙算什麼？他可是台灣第一個帶著育幼院小朋友單車環島過好幾圈，一起爬上玉山、雪山的「院長叔叔」啊！

就算風吹沙的季節，院長叔叔辦公室也從不關門，孩子們跑進跑出，一會兒向院長叔叔借水果刀切芭藥，一會兒來要甘草粉沾芭樂吃，一會兒又有人進來，往沙發上一坐，靜靜地聽大人說話，小手裡緊緊抓著一包餅乾。

院長室還有一個總是面帶微笑的中年女人，孩子喊她「楊阿姨」，吳文輝也喊她「楊阿姨」，她是吳文輝的老婆。

樂當輸出熱情、希望的發電機

育幼院收容四十八個大大小小的孩子，每一個人都背負著一段傷痛的記憶，每一段記憶都訴說著一個家庭的崩解，指向被包裹在光明社會裡的黑暗。破碎的家庭、底層的社會，對多數人來說的「看不見的邊緣角落」，卻是吳文輝的生活現實、生命的核心。

所以他必須經常呵呵笑，即使育幼院遷建的經費尚無著落，他還是要當一具源源不絕地輸出希望與熱情的發電機。

來到信義育幼院之前，吳文輝和社會上九九%的人一樣，對他來說，「孤兒」只存在電視劇和故事書裡。他是嘉義農家子弟，排行老大，為了扛家計，高中就讀夜校，白天拚命打工，青春時代參加的唯一一次郊遊活動，老天爺就為他和「楊阿姨」牽起了紅線。後來也是為了安定生活，吳文輝服役後轉任職業軍人，一九八八年退役，轉到台北做食品批發，他苦幹實幹做生意，五年後買下兩棟房子，生了兩個孩子，人生的主題，除了賺錢還是賺錢。

人說「告老還鄉」，但吳文輝年紀輕輕三十歲就還鄉，為的是照顧年老的父母。為此，他和妻子溝通了一年，才結束掉台北的生意。但他還是需要一份工作，工作在哪裡呢？他是一貫道信徒，正好有位一貫道點傳師向他招手，「來吧，我們的育幼院欠人手」，就這樣吳文輝進入一九七九年韓雨霖在西螺創立的信義育幼院，薪水兩萬出頭，只有他在台北收入的六分之一不到。

到育幼院工作，吳文輝感覺好像被拋到另一個世界，他過去的生命經驗、所學習的知識在這裡都不管用。他看到院方用傳統、權威的方式管教孩子，看到孩子與院方的摩擦和衝突，直覺那樣的管教方法有問題，卻沒有能力改善，也沒有人能夠教他，而要通往那個他不理解的世界，觸摸到孩子的心，好像只有靠讀書，「所以我為了孩子去讀書。」

吳文輝從來沒有想過這一輩子會再讀書做學生，他先花了六年讀完空大，苦讀社會學、兒童心理學，「在這之前我從來沒聽過什麼馬斯洛。」空大畢業，又就近到嘉義民雄中正大學進修諮商和心理輔導一年。育幼院孩子當中的四分之一，父母都是在監服刑的菸毒犯，被家暴或性侵的比例也不在少數，他們的成長經驗不同於常態家庭的孩子，從來沒有被好好愛過。面對傷痕累累，乃至道德觀錯誤、宛如樹枝長歪的孩子，吳文輝發現，僅僅一年的進修還不足以幫助他們，便以中正大學犯罪防治研究所為努力目標，考了兩年才如願以償。

犯罪心理學讓吳文輝明白，一個在監獄中表現良好的犯人，出獄後為什麼馬上再犯案？「因為他沒有真正改變」，威權管教下的孩子也一樣，為了生存，即使內心抗拒，也會表現得符合大人期待，「所以大人不要自我感覺良好，以為孩子都聽你的話，那只是表面服從，一旦出了問題，你根本無法處理，因為你從來沒有認真和他們溝通過，不知道他們的心。」

到育幼院工作後吳文輝又生了老三。身為三個孩子的老爸，他自問，我會說「我在『管理』我的孩子嗎？當然不會，我是在『照顧』他們。」同樣的道理，對育幼院的孩子，吳文輝期許，也應該是「照顧」而非「管理」，讓孩子走出育幼院的時候，帶著穩定的情緒、愛和希望，更必須是一個知道如何面對問題、解決困難的人。

二〇〇四年吳文輝接任院長，他最常對工作夥伴說的就是：「我們要對孩子的生命負責，我們在為孩子的生命寫歷史。」

育幼院孩子最缺乏的就是自信，自信來自一次次正面、成功經驗的累積，能夠抬頭挺胸告訴人「我來自哪裡」、「我做了什麼」、「我是誰」。為了淡化或抹消孩子受創的記憶以及負面的自我形象，吳文輝一直在認真思考，我到底可以做什麼？到底可以給孩子什麼？

幫孩子累積正面、成功的經驗

老天回應了他。二〇〇六年夏天，吳文輝在西螺街上吃冰，旁邊來了一個女生和一輛腳踏車，兩人聊起來。女孩說她是清大學生，正在一個人騎車環島。「單車環島？」啪，一個念頭閃過，吳文輝火速回到育幼院，召集員工提出「明年我們也去騎車」的構想，結果大家一片「太辛苦」、「風險太高」、「不可能」，只有一個人興致勃勃，就是吳文輝自己。不過他並沒有知難而退，接下來半年他更加努力溝通，直到每個人都點頭為止。

吳文輝是怎樣說服人的？第一，每年暑假育幼院本來就會為孩子安排旅遊活動，多是搭遊覽車到某個景點逛逛，一路嘻嘻鬧鬧，抱怨冷氣不強東西不好吃，錢花掉了，但這種「操控在別人」的旅遊體驗卻無法刻進孩子的生命，孩子不能學習到自主，不知道生命中某些事情他也有決定的權力，需要徹底檢討。第二，吳文輝相信，人生在世，走在路上好好的都可能飛來橫禍，怎麼可能毫無風險？在「容許風險」的概念下，只要做好「降低風險」的準備，譬如了解孩子的能耐，通訊無礙，加上有護士阿姨隨隊照護，為什麼不能騎車？第三，自己決定，然後靠著自己的力量去完成一件事，累積正面、成功的經驗，證明自己是一個有能力的人，對育幼院的孩子來說，沒有比這更有意義的禮物了。

一開始，育幼院連腳踏車都沒有，很多孩子不會騎車，吳文輝自己也沒有長途騎車的經驗，所以大人小孩就先訓練體力，每天快走四小時，來回各八公里，餓了則用快速爐就地野炊，如此兩三星期。健康黝黑的同時，育幼院也募到了十輛雜牌軍團的腳踏車，除了太小的孩子外，大家輪流練習。發展遲緩的小華（化名），起先連籃球架也閃不開，一次又一次的撞上去，漸漸平衡感越來越好，越騎越流暢，看起來可以上路了。

二〇〇七年初，育幼院向內政部兒童局募到的二十五萬下來了，吳文輝先帶幾個人路勘。他們請不起專業領隊，也住不起飯店，但就算不請領隊不住飯店，一行六十多人，大人小孩各半，單車環島二十一天，還必須有人在後面跟車，至少也要一百萬，怎麼辦？吳文輝想到台灣各處都有香客大樓，吃飯一桌一千五，住宿三百、五百，沒有比這個更省錢的。其實，他還想藉由騎車傳達一個觀念：「該付錢的就要付錢，不要因為是育幼院，就以弱勢者的特權去搏取同情，爭取免費。」對吳文輝來說，這可能是「靠自己的努力完成一件事」之外，騎車環島最重要的意義。他要孩子認知，社會大眾資助育幼院，純粹出於人的善念，但接受幫助不能成為慣性，理所當然地依賴。

六月，車子終於募齊。七月五日，台灣史上第一次，育幼院的孩子騎車環島去囉。

孩子都沒有意見嗎？「所以我們要給誘因」吳文輝說，他給的誘因是「坐飛機金門遊」，孩子們樂壞了，只要能騎的，沒有一個不想去，其中年紀最小的「單車天使」是當時幼稚園大班的小賢，大家給他起了一個外號「爛豬腳」（男主角）。日頭赤炎，揮汗如雨，吳文輝

告訴孩子「要騎下去，就要努力。真的騎不下去，要放棄、要上車也可以，想在路邊哭也沒有關係，一切都由你自己決定。」結果呢？「到後來連騎在最後面的孩子都沒有放棄，上坡路段兩隻小腳越踩越快，因為他們想靠自己的能力完成一件事。」

看到孩子不放棄，大人更不好意思下來牽車走路了。

相信自己，還有什麼事情辦不到？

「單車天使」吸引媒體報導，國立體育大學休閒產業系老師謝智謀因此邀請育幼院的大孩子到學校成果發表。看到大孩子面對教授和大學生講述這一路的心得和感受，吳文輝感覺一切的辛苦都有了回報。

謝智謀是台灣體驗教育與冒險治療專家，曾經帶領中輟生到紐西蘭騎單車，與家扶的孩子一起攀登喜馬拉雅山，並鼓勵大學生走出舒適圈。育幼院童的單車環島，正是體驗教育與冒險治療的實踐。不過也有人質疑吳文輝：「請問院長，算一算，二十一天，每個孩子平均花掉四萬元，為什麼不用這些錢舉辦一千人的大型活動？」他反問：「四萬元如果可以改變一個孩子的生命，你做不做，你認為貴不貴？為什麼人的價值只剩下冰冷的統計數字呢？」

第二年、第三年、第四年、第五年，育幼院還是繼續單車環島，每一次都有新的孩子加入，每一次募款都募得比騎車還累。金融風暴那年，就要出發了，錢還沒著落，大家以為騎不成了，「管他，先騎了再說」，吳文輝不想看到孩子失望的面孔。

他看到孩子的改變。在八里的十三行博物館，有遊客問孩子：「你們在做什麼？」「我們在騎車環島。」孩子落落大方地回答，他是之前那個發展遲緩、跌跌撞撞的小華，現在已經厲害到可以指導更小的孩子騎車了。

無可選擇的際遇，低落的學習意願，育幼院的孩子學業成績普遍落後。吳文輝經常收到五科加起來九十分的成績單，孩子極少有機會得到學校老師讚美，反倒要時不時面對同學「沒有爸爸媽媽的孤兒」的嘲諷。可是，老師看到單車環島報導後，與有榮焉，開始會告訴別人：「那個爛豬腳是我們班的。」還有一個孩子環島回來後到監獄探望母親，媽媽握著他的手說：「你好棒！出獄後我要跟你學習。」

不只騎車，透過謝智謀的安排，吳文輝還帶孩子爬上了玉山、雪山、西巒山和郡大山。參與的大孩子每個人都必須負重二十公斤，「如果三千公尺的山都爬上去了，人生還有什麼困難不能面對？」他告訴孩子。膽敢帶育幼院的孩子去爬山，吳文輝是台灣第一個，但這不是全部，他還計畫帶著孩子走出台灣。攤開一張中國大陸地圖，上面畫出一條從北京到福州的單車路線，三千兩百一十四公里，吳文輝宣布，信義育幼院準備在二〇一二年夏天寫下「京彩騎跡」。

騎車像一場自我改造的儀式，一個由負轉正的轉折點。吳文輝相信，當孩子在過程中接收到社會的善意，累積足夠的正向經驗，相信自己是一個有能力、有價值的人之後，就是擺

脫惡性循環的開始，一切將會往好的方向走，包括情緒、人際、課業。十八歲，當他們必須離開時，不會對陌生的世界感到害怕。

吳文輝時時刻刻都努力想著要如何為孩童爭取福利，還曾積極參與台新公益慈善基金會舉辦的「您的一票決定愛的力量」活動，最終為育幼院爭取到最高五十萬元的公益基金。

為孩子的生命負責，為孩子的生命寫歷史，吳文輝做的遠遠超過育幼院院長該做的。「但是我們一點都不偉大，」他反過來感謝孩子，讓他分享他們獨特的成長經驗，讓他看到生命歷盡摧殘後的韌性，「與其說我在幫助孩子，不如說是他們在教我、幫我。」（撰文 蘇惠昭）

008 年帶孩子挑戰蘇花公路，順利抵達終點。

2011 年 7 月在花蓮玉里參與黃金紀念米收割活動。

2005 年 8 月帶孩子成功登上玉山。

2011 年 2 月的五天環島行程。攝於南迴公路最高點壽卡。

台灣米王

李文煌

在花蓮玉里種稻近五十年，自二〇〇九年起，連續三年奪下日本米食大賽第一名。然而，在李文煌飽經風霜、似有刀刻過般紋路的臉上，完全不見米王的氣勢。半輩子靠天吃飯的莊稼郎，他相信，人只能好好努力，順天應天，老天不會忘了給永不放棄的人希望。

盡力做，老天就會給希望

狂賀！本會輔導良質米產銷七班班長彭鏡興、班員李文煌榮獲日本「米・食味鑑定師協會」國際品米大賽特別優秀大獎

賀！本社李文煌先生參加日本米食競賽榮獲金賞獎

兩張大大的慶賀榜單張貼在距離玉里車站一公里遠的工寮外牆……。其實，還有第三張還來不及貼出來。

這裡是李文煌的工寮。二〇〇九、二〇一〇、二〇一一，他連續三年以「台梗16」和「台中194」拿下日本米食大賽第一名。不過因為「要割稻，沒閒工」，只能婉拒到日本領獎，主辦單位特別派出高級幹部鈴木登門頒獎給這位「玉里米王」、「台灣米王」。

站在工寮門口張望的李文煌卻一點也沒有當「王」的風神，他明白「王」是沒辦法對抗天的。一年到頭，李文煌心裡都裝著許多事。像二〇一一年十二月的花蓮玉里，雨已經連下了一個月多，氣象局說這是「夏天的雨落在冬天」，氣候異常，雨水過量，碰上稻子正在開花、抽穗，第二期稻作因此減收四成。再一個星期有鴻海的員工要過來體驗割稻，如果這種天候持續，大家恐怕興致缺缺。還有，育苗用的培養土一直乾不了。培養土不乾，根本沒法走一下步，等到不能再等的時候，只能用火烘。

颱風、梅雨、乾旱、蟲害……，李文煌摸摸下巴的白鬍渣，黝黑的臉像被刀刻過的一條條紋路顯得更深了。種田就是這樣啊，人類的科技雖然進步到可以用電腦選米，「但我們還是要

看天吃飯。」老天不可預測，無法對抗，該下雨的時候不下，不該下雨的時候偏偏下不停，老天給什麼都得甘願承受，「人只能好好努力，順天應天，努力拜土地公。」

「這冬歹，望後冬」、「有心做牛，免驚沒犁通拖」，他也知道，老天不會忘了給永不放棄的人「希望」。

中午了，雨還在下著，肚子吱吱叫。工寮裡，李文煌的妻子彭月瑋掀開一鍋飯，剎時米香四溢。熟透的台中194，晶瑩剔透，最上層的米粒像芭蕾舞者墊起腳尖那樣站立著，光是用聞的、看的就覺得幸福。看著家人、工人或訪客「吃我種出來的米」，永遠帶給李文煌最大的成就感。那米不但是經驗加技術的結晶，還有他的「用心」，他的「放感情下去」。只不過一進入農忙期，根本抽不出時間煮飯，只能從鎮上訂便當。「老闆ㄟ，這米不是我們種的」，每個人都邊吃邊嫌。

從駛牛犁田到一切由機械代勞，從只會種田到自產自銷，再種出連續三年「出國比賽得冠軍」的米，這條相當於台灣農業演化史的路，李文煌已經走了快五十年，將近半個世紀。

花蓮玉里，山高水急，引玉山拉庫拉庫溪的純淨溪水灌溉，是傳說中的種稻聖地。八十多年前，一批桃園人翻過中央山脈在此落腳，李文煌的阿公就在其中。李家做過鐵工廠、採石礦、岩鹽，最後以種田安身立命。

「這邊是菲律賓板塊，那邊是大陸板塊，」李文煌指著不遠的一座橋說。因為板塊擠壓，造成橋墩一邊隆起，一邊下降，鐵路只能往西移，也就是說，他的田就在板塊交會的斷層帶上。稻田盡頭的秀姑巒溪則急轉向東，橫越海岸山脈注入太平洋。

農家孩子，一年到頭忙不完

李文煌就像樹一樣扎根在這片土地，這裡是他的課堂，他的運動場，他一生的事業。農家的孩子，從學會自己吃飯就要餵牛和下田，李文煌也是這樣長大的。一甲的地，從駛牛犁田到可以插秧，差不多要十天的工，一戶農家只要有兩公頃地就一年到頭忙不完，必須靠換工，才能夠在一個月之內把秧插完，就算這樣，「也只求一餐溫飽」。

一九八一年，李登輝擔任省主席，提出「八萬農業大軍」，才有農耕機器慢慢引進，但農民生活依舊望不到春風，工業復又吸走了農村的年輕勞力。當時，李文煌三十多歲，就是那種人家說的「土直人」，既然生在種田人家，就認分地種田，守住祖先的傳統。另一方面，也隨順政策，逐步投資購買曳引機、播種機、插秧機、割稻機、卡車……，幾百萬元撒下去後，就不可能轉作其他作物。為了增加產量，又必須承租更多田地擴大種植面積，否則投資永無回本之日。

二十年多來，李文煌自耕加代耕的田有三十多公頃，比二十六公頃的大安森林公園還大。三十公頃，每年種兩期的稻，加上經營可供應五百公頃農田的育苗場，只有他和四個固定工人，這樣的日子到底有多忙碌呢？

平常的一天，李文煌的主要工作就從巡田、放水開始，一天差不多三十公里路。邊巡邊檢查有沒有病蟲害，是不是缺肥，需要補多少肥料……，這些都靠經驗。經驗教會李文煌，灌溉的水不夠，稻子會曬死；養分不足，收成就不好；養分太多，稻子長得肥肥嫩嫩，像不健康的飼料雞，剛剛好是害蟲最愛的大餐；病蟲害來了，不去防治，就被蟲子啃光光。還有，整晚曝露在路燈下的稻子，特別是香米和糯米，有時候連孕穗都孕不成。「肥培管理」是其中最重要的一環，關乎收成，這一點李文煌很有自信，「但種植面積一寬，有時候也會漏氣啦。」

每一關都暗藏風險，種田人必須像田間衛士般層層把守。但風險還不止於此，如果水分剛好，肥分剛好，李文煌還必須拿著色板去比對顏色，太過濃綠的話，很容易有病蟲害，要是葉稻熱病還有救，如果感染穗稻熱病，那就回天乏術了。「所以，種稻子比顧小孩還麻煩啦，」李文煌平平實實地描述，「小孩肚子餓了會哭、尿布濕了也會哭，可是稻子不會，你不每天主動去關心它，它就死給你看，你就準備虧錢，情況再壞一點，就準備破產吧……」

三十多公頃的水田，李文煌大部分採用傳統的慣行農法管理，小部分採用有機農法。所謂慣行農法，是指使用農藥、化學肥料的一般栽培方式，但為了避免消費者毒米下肚，他使用農藥格外謹慎。全台灣有兩千公頃農田採有機農法，其中三分之一在一根煙囪都沒有的花蓮。有機農法，完全不使用農藥、化學藥劑和化學加工肥料，為了讓土地回歸自然，農夫必須向糧商購買大量有機質來做堆肥，化肥一斤不到一萬，有機肥一斤四萬多，成本四倍高。儘管如此，水田的有機質還是不能符合標準。

以有機農法栽培的即是有機，話是這樣說沒錯，但李文煌實在太古意了，就是不願打出有機名號，只能保證無毒。「我雖然用有機的方法栽培，但種出來的不一定有機，」他耐心解釋：「只要用到機器，排出的廢氣進入土壤，就不有機了，你也不知道空氣會飄來什麼款有害物質……」

田間管理和育苗，一年三百六十五天，李文煌的生活中沒有娛樂。「看著農作物成長，在工寮外養幾隻雞、鴨、魚和山豬，種些菜，就是我的娛樂生活啊，」他不能理解有的農民可以「只出土地，然後把錢放到口袋」，從秧苗下田到收割，自頭至尾一棵稻子也沒有看過摸過，「好像孩子一出生就給別人養。」

產銷結合，稻農們自發的一場革命

都說天道酬勤，但天地亦不仁。種田近五十年，李文煌看盡大自然的殘酷與奧妙，摧毀性的大災難他就遇到過三、四次。其中，最慘的一次是二〇〇一年九月侵台的納莉颱風。那一次，李文煌眼睜睜看著他的田被滾滾大水捲走，「真正是欲哭無目屎」，但「不種田我還能做什麼？」他自問。颱風過後，他連沮喪的時間都沒有，捲起袖子到農會、到土銀借錢，從頭開始拚，無論如何都非把一千萬元的大洞補回來不可。

二〇〇二年，台灣加入WTO，被迫開放外國米進口，稻田面積驟減三分之一。對一輩子只懂種稻的稻農如李文煌，這無異是另一個納莉颱風。為了生存，他開始思考以量制價，思考跳過中間成本的可能。當時李文煌不知道，除了他，台灣還有一群稻農正在醞釀一場革命，以改變被糧商操控的命運。

二〇〇八年，包括李文煌，一群來自全省的專業稻農組成了台灣稻農公司。四十三位股東都是大規模耕種的農戶，他們要對抗的是市場機制的不合理、不公平。一般農作物，栽種農民可以自由買賣，但稻米屬於糧食，依糧食管理法，除了三百公斤限量範圍可展售儲白米之外，必須取得糧商登記才能從事稻米買賣。

養機器、養工人、田間管理加上不可預知的風險，付出七分成本的稻農只能把溼穀賣給三大糧商賺取三分利潤，而糧商卻可以把新米、舊米、進口米混在一起賣給消費者，不必承擔風險。糧商最大的獲利來源還不是賣米，而是溼穀加工後的副產品如米糠。坊間米價可以賣到比政府收購價還低的原因就在此。

「糧商靠頭腦和計算賺錢，」李文煌下了一個結論。稻農公司也開始學習靠頭腦和計算賺錢，「以前我們只會種，不了解米的市場，現在慢慢學習進入銷的領域，自產自銷，產銷合一。」稻農公司給自己訂定嚴格的標準，堅持「百分之一百單一品種」，不攙雜異品種、舊米和進口米，每一包米都必須通過農藥殘毒檢驗，符合國家檢驗標準，清清楚楚交待生產履歷。為此，李文煌還陸續添購碾米機、真空包裝機、計量器、冷藏庫……。

先有開出第一槍的稻農公司，爾後才有PayEaey架設的「我的一畝田」認養平台，運用農民最欠缺的網路行銷能力，不求利潤地為稻農接單、解說、引導，進一步引介企業、家庭與稻農直接契作，並推動認養企業與家庭親赴稻田參訪。對李文煌來說，這一切的變化實在太超過他的想像，「運氣好的話，銷那邊有保障，產那邊也賺；運氣不好的話，至少有銷的部分可以彌補，生存下去沒問題。」

稻農公司和認養平台打開了李文煌的視野，讓他重新體認稻的價值，並且感受到身為稻農的驕傲。稻田不只是稻田，它對台灣社會具有多重的外部價值：保障國人糧食供應安全，涵養地下水，防止地層下陷、調節氣候、美化景觀。另一方面，稻田支持農村，農村是城市失業人口的庇護所。稻田也構成景觀，是台灣社會根深柢固的記憶。

現在，李文煌不只是農夫，還是稻農中的精英，更是「米王」。人人爭相問他如何種出第一名的米？他的標準答案是：「沒有撇步啦，選種最重要，要適地適種，像『台中194』，這是台中農改場花了十七年才育成的品種。品種漂亮，加上玉里水質好空氣新鮮，就不用麻煩電腦選米了。」「台梗9號」米質優良、食味佳，耐儲藏，「台農71號」（益全香米）有著芋頭的香氣，「台中194」就是二者的合體。

為了有勇健的身體照顧好腳下的田地，李文煌已經戒掉檳榔、米酒和菸，在玉里這個阿美族占了五分之一人口的小鎮，這簡直比翻越中央山脈還難。他和妻子幾乎以工寮為家，鎮上的住屋「大概已經結蜘蛛網」。至於台北，非去不可的時候才去，「車多人多空氣壞，我一天就受不了。」最好的事情莫過於，離開玉里到外地念大學的兒女，畢業後又回到了玉里，有電腦專長的兒子更有心接下父親的棒子。

一百年後，不管老天如何對待這塊土地，李文煌相信，它仍是一片一望無際的綠，台灣最美麗的風景。（撰文 蘇惠昭）

花蓮玉里山高水急，引玉山拉庫拉庫溪的純淨溪水灌溉，是傳說中的種稻聖地。

日本米食大賽主辦單位的高級幹部特別來台頒獎給李文煌（右三）。

選適地的品種，然後勤懇做好每件事，就是李文煌種出好米的祕訣。

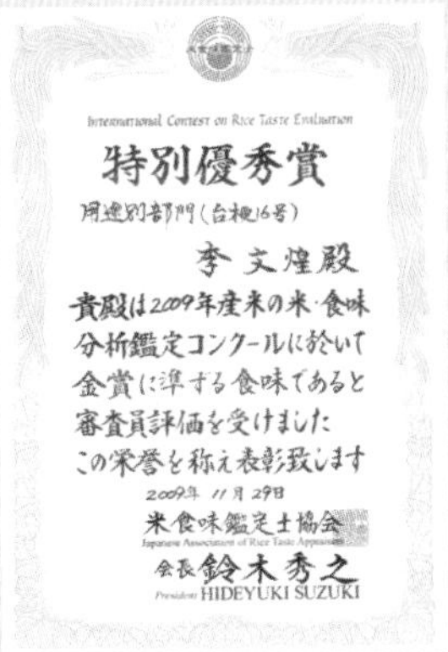

International Contest on Rice Taste Evaluation

特別優秀賞

用途別部門（台梗16号）

李 文煌殿

貴殿は2009年産米の米·食味分析鑑定コンクールに於いて金賞に準ずる食味であると審査員評価を受けました
この栄誉を称え表彰致します

2009年 11月 29日

米食味鑑定士協会
Japanese Association of Rice Taste Appraisers

会長 鈴木秀之
President HIDEYUKI SUZUKI

International Contest on Rice Taste Evaluation

特別優秀賞

総合部門（台中194號）

李 文煌殿

貴殿は2010年産米の米·食味分析鑑定コンクールに於いて金賞に準ずる食味であると審査員評価を受けました
この栄誉を称え表彰致します

2010年 11月 21日

米食味鑑定士協会
Japanese Association of Rice Taste Appraisers

会長 鈴木秀之
President HIDEYUKI SUZUKI

International Contest on Rice Taste Evaluation

特別優秀賞

（台中194號）

李 文煌殿

貴殿は2011年産米の米·食味分析鑑定コンクールに於いて金賞に準ずる食味であると審査員評価を受けました
この栄誉を称え表彰致します

2011年 11月 23日

米食味鑑定士協会
Japanese Association of Rice Taste Appraisers

会長 鈴木秀之
President HIDEYUKI SUZUKI

2009 至 2011 年，李文煌連續三年拿下日本米食比賽第一名。

台灣京劇第一名伶

魏海敏

縱有一身好天賦，魏海敏能吃苦的性格，更是成就今日的關鍵。「別人以為的苦，在我都不覺得是苦」，心性直率單純的她，享受進步帶來的快樂。即使京劇的風華已不再，多數資深名角寧願選擇退隱，魏海敏卻仍然繼續挑戰自我、不斷突破。

我的人生是為了上台做準備

魏海敏相信命運。

她相信，每個人都有一張屬於自己生命的藍圖。出生之前，靈魂為了自身的成長，早已和自己的指導靈或靈魂家族，擬定好各種成長的課題和計畫。人的一生就按照設定的藍圖走，無論與遇到任何痛苦或難關，或者與什麼人的相遇、別離，都是有意義的，為的就是通過考驗，讓自己有所成長。等到有一天，當軀殼經歷必然的死亡，靈魂會因為這一世不斷的成長突破，得到進化。

這樣的體悟，來自她接下「歐蘭朵」之後。

那一年，她大膽承諾兩小時獨角戲「歐蘭朵」，又要一人獨演梅（蘭芳）、張（君秋）、程（硯秋）、荀（慧生）四大流派，壓力如大軍掩至，浮沉於「無人可以救我」的焦慮大海。有一天，剛好遇到北藝大的學生，那具有特殊感應力的學生忽然告訴魏海敏：「老師，上天派我來告訴你，你是個很好的演員，會有很多天使來幫你，給你力量。所以，不要擔心，不要焦慮。」

那番話之後，魏海敏便有了一種卸去重擔的輕盈、自在。她看到了岸，知道她的演出會順利成功，「我的指導靈可能察覺到需要有人來撫平我的焦慮。」

成長事，全憑自己領悟

命運給了魏海敏俱足的條件，讓她成為台灣無人能取代的女伶。然而，命運給她最初的考驗，就是沒有一個家。

那時，魏海敏叫魏敏，她的記憶中沒有母親，母親在她兩歲時就選擇離開家。兩個姐姐，一個大她八歲，一個大她六歲，都已經上學去。有一段時間，四處打零工的父親把她送去彰化育幼院，被接回家後，天天等待著姐姐放學回家陪她玩。那個在鶯歌的家，沒有浴室和廁所，三姐妹會一起去井邊挑水，一起去上公共廁所，爸爸則久久才能回來一次。

這段童年經歷在魏海敏回憶起來，固然有需要修補的創傷，整體卻是甜津津、溫溫熱熱的，「我很獨立，不怕獨處，天生是一個能吃苦的人，或者說，別人以為的苦，在我都不覺得是苦。」

也許是因為有愛。姐姐照顧她，爸爸寶貝她，她天生愛唱歌跳舞，學會的第一段戲就是拉胡琴、票花臉的父親教的：「蘇三離了洪桐縣……」每回一唱，魏爸就開懷大笑。魏爸畢業於日本陸軍大學，學歷好，職場卻不順遂，到魏海敏小學三年級，才在嘉義找到一份駐廠廠長的工作，舉家遷往嘉義。又過一年，魏爸在報上看到「小海光，招收學生」的廣告，這一則五公分大小的啟示就是魏海敏的命運。魏敏將成為魏海敏，台灣第一當家花旦。

「我和母親的連結，僅僅是透過她的身體出生；而父親在我生命中的角色，就是把我送進劇校。我這一世人，似乎受不到家庭任何一個人的幫助，沒有大人教我，沒有學習的典範，所有成長的事，都必須自己去闖盪、去領悟，必須自己去經歷了，才知道如何面對。也必須離開戲曲，譬如說去演電影、再回頭的時候，才知道這是我的命運，唯一的選擇。知道如果我不唱戲，就辜負了我的天賦。」

父親來不及給女兒們更多愛就因罹患肺癌離開人世。那年魏海敏十五歲，她的兩個姐姐，都先後有了自己的家庭，「所以每當放假的時候，我整個人就是飄浮的，晃來晃去，盪來盪去……」

父親走後，姐姐介紹了一個「阿姨」給魏海敏。當時她鋒芒初露，以為「阿姨」是戲迷，卻怎麼也沒想到，「阿姨」竟是她的母親。「媽，」她乾乾地叫了一聲，無法反應，完全沒有戲劇中那種「母女連心」的相聚高潮，學到的反而是，有些母女關係的重要時刻，錯過了就是錯過，喚不回了。

她的早婚（二十一歲）也與此有關。她想要有個家，雖然無法想像家的形狀，拼湊不出家的內容，但就是想要有個家；有個像爸爸的男人，一個穩定的環境。幸福的婚姻是女人永恆的渴望；但不快樂的婚姻，不和諧的關係，卻帶來更深刻的體悟，幻滅後的成長。魏海敏的命運，是後者。

生活隨性，工作認真

「祖師爺賞飯」，這話百分之百貼著魏海敏而說。在一般學校，她是個普通的學生；進到

海光，忽地就發亮了。老師說她個頭、扮相、嗓音都好，不論學什麼，一學就會，特別疼惜她。天賦異稟，魏海敏並沒有這樣的自覺，只有「我可以做得更好」的自我要求，所以包括練毯子功、把子功，對她而言都不辛苦。為了進步而堅持下去，因為進步的快樂無可比擬，這是她心性直率單純。她就是喜歡劇校的生活，「或許是因為從小沒有一個家庭的脈絡，沒有框架，進到劇校後，劇校的規範反而讓我安心。」她按照劇校的規範直直往前走，一心專注於「有沒有做到老師交待的事」、「達到老師的要求就是我的終極目標」。

十歲入劇校，十九歲畢業，二十歲便成為海光國劇當家青衣花旦。大概除了初登場時扮過小龍套、小宮女，魏海敏一站上舞台，從來都是主角。認識魏海敏的人都說，日常生活的她和台上的她判若兩人。日常生活中，魏海敏很隨性，有種孩子的天真，連喝一杯熱可可都很開心；但多數時侯，她不是在準備上台就是在舞台上，把自己藏在濃妝、行頭後面，「我的人生是為了上台做準備。」

從加入海光到投入當代傳奇「慾望城國」籌備工作，為了做好上台的準備，她奔波於家庭（婚後生了一子一女）、藝專夜間部國劇科（為了彌補只知道演出技巧，對戲劇理論、戲劇史一知半解的缺憾）、海光排戲和台視錄影（主持「傳家寶典」節目），受封「全台灣最忙的全才旦角」，那是她二、三十歲時候的風光。

曾任國防部長的俞大維和魏海敏是忘年之交。有一回，魏海敏去看她的「俞公公」，俞公公盯著她，忽地冒出一句：「海敏啊，你怎地一點不油滑，不是個跑江湖的啊！」一聽這話，魏海敏眼淚差點奪眶而出，一種內在、靈魂被看到的感動。

拜入梅派，藝術生涯正式起跑

很長一段時間，歷史的因素，京戲被國家奉為「國劇」而保護之、推廣之。身為京劇演員，魏海敏並沒有沉溺在她的得天獨厚，「說真心的，我從不認為自己唱得好。」她思考的永遠是如何更上一層——特別是在香港看了梅葆玖與童芷苓的演出之後。那一夜，魏海敏驚覺到自己「所學甚淺」，過往十多年的學習、演出的框架和模式瞬間天搖地動。當視野大開，眼界墊高，她便有了一個未來想達成的目標，「那一刻，我的藝術生涯才算是真正起跑。」

也因此，才有一九九一年被視為北京京劇界大事的魏海敏拜入梅門。她是梅派傳人梅葆玖收的第一位弟子，也是第一位從台灣到北京拜師的演員，這也意味著，台灣第一青衣花旦必須從頭做一個學生，雖說不是歸零，砍掉重練，也是某種程度的「體制內改革」，自我否定，再自我重建。為了學習，精益求精，魏海敏沒有身段問題，沒有什麼習慣不能改，包括發音部位。

拜入梅門，魏海敏玩真的。忙碌，卻總是能擠出時間飛到北京學戲，梅大師的指導方式是「身教」，先親身示範，再要她做一遍，然後一點點地修正。五年之後，魏海敏在北京辦專場，並參加中國戲劇表演藝術最高獎的「梅花獎」競賽。她特別挑了「貴妃醉酒」和「宇宙鋒」這兩齣內行人公認，人人都學，人人都唱，卻是動作高難度、人物心理描繪也是高難度的梅派代表作。她得獎了，並且初次體驗到「打開自己」的風光旖旎。

梅蘭芳是承先啟後的京劇大師，嗓音圓潤，扮相秀美，熔青衣、花旦、刀馬旦等行當於一爐。因為他，旦角才得以與老生站在頭牌，但梅派藝術最特出之處，更在其人物塑造，所有的人物即使只在台上呈現三分，卻已經將角色內在的潛在語言發展到十分，再透過唱詞、唸白、動作的細膩刻畫，讓所有的角色各有特色，成了有血有肉的立體人物。所以，梅派是四大流派中最正宗、最為規矩大方的表演型態。但另有一種說法，「梅派梅派，沒有派」，這什麼意思？魏海敏解釋，就在於梅大師創作的戲「找不到太重的特點」，換一種說法，就是「沒有缺點，無懈可擊」。學戲的人都明白一事，有時，去學某一派別的戲，乃是學它的缺點，「因為某一個人的特色，很有可能來自他的缺點，是從缺點發展而來的特色、個人風格，唯獨梅派，不管從哪一個角度看，都是最好的，每一個音都清亮、完整、到位」，這也是魏海敏在學習梅派、對梅派有了深刻的認知之後，始覺可以勝任其他三大流派原因所在。

如果沒有到北京跟梅葆玖學戲，魏海敏就不會是今天的魏海敏，「但這事不可能發生，因為我一定會去學。」後來，她教導學生，亦是按照梅葆玖的方子，細細緻緻，一句句教，一個字如果過不去，絕不往下教，非得把這個字唱對，唱好了，才能走下去。

從不自滿，選擇持續突破

然而，魏海敏的求藝之路並未止於梅派，當王安祈為魏海敏量身訂做，寫了一本由張愛玲小說改編的新編文藝京戲「金鎖記」，她又一次打開自己，打破框架與模式。這，自然又是她的命運。

魏海敏既是魏海敏，又不是魏海敏，她的生命中疊疊重重了太多角色。她示範了一位底蘊厚、工夫深的京劇演員，如何在傳統裡現代，在東方中西方，以及在古典中流行。

她演骨子老戲如「汾河灣」、「奇雙會」、「四郎探母」、「打漁殺家」、「擊鼓罵曹」；演梅派戲如「貴妃醉酒」、「宇宙鋒」、「霸王別姬」、「天女散花」、「西施」、「穆桂英掛帥」；演新編京劇、創新京劇如「王熙鳳大鬧寧國府」、「樓蘭女」、「無限江山」、「奧瑞斯提亞」、「梁祝」、「孟小冬」。在「孟小冬」，她甚至變換了老生、旦角、本音三種聲腔。她也演舞台劇「遊園驚夢」。在「花月憶時夢——三段奇幻歌夢」演唱會，她則純粹扮演一名歌者，用京嗓子唱「梅雨箋」、「一樣的月光」、「桂花巷」、「夢醒時分」……。

二〇一二年，在劇作家紀蔚然與國光劇團合作新編的京劇「豔后和她的小丑們」裡，魏海敏將成為埃及豔后。每一次的打開自己，大膽創新，勇敢跨界，都有意想不到的驚喜流入。但其中，沒有一個角色比「金鎖記」的曹七巧更衝擊她，沒有一個角色比「歐蘭朵」更具挑戰性。

早在演「金鎖記」之前，魏海敏就讀過張愛玲小說，萬般折服於小說家對人性之令人毛骨悚然的洞悉。但她未沒想過，有一天她會成了曹七巧，一個因為感情的孤寂幻滅，走向刻薄與瘋狂的女人。這是個無所本的角色。「一直以來，我演一個人，但我不是那個人，是我透過模仿梅蘭芳在演那個人」，曹七巧不一樣，魏海敏是京劇史上第一個曹七巧。為了演好這個角色，創造典範，有將近一年的時間，她一整個陷在曹七巧裡，梳理曹七巧、研究曹七巧，直至釐清曹七巧的性格架構，最後找出「最曹七巧」的表現方式。

王安祈和俞大維一樣，穿過表相，逼視魏海敏的內在與靈魂，並且看出她未竟的潛力。在《降唇珠袖兩寂寞》一書中，王安祈指出：「魏海敏雍容華貴、典雅端莊的梅派特質，早已深入民心。然而，以我對她的觀察，美麗大方中透出堅忍意志，演梅派的黛玉、西施固然唱作俱佳，卻總覺得與本性不近，總要到了馬克白夫人（「慾望城國」）與大鬧寧國府的王熙鳳，才揮灑自如渾然天成。而曹七巧，張愛玲筆下這位由壓抑怨怒至於扭曲，甚至變態之後猶能展現『瘋子的審慎與機智』的徹底人物，不僅使魏海敏唱唸做打的功夫充分發揮，也必能將成熟的魏海敏更推上頂峰。」

到達一個頂峰再追尋下一個，這，也是魏海敏的命運。

美國前衛導演羅伯．威爾森（Robert Wilson）亦驚豔於魏海敏的表演，邀請她詮釋英國女作家吳爾芙的《歐蘭朵》。這是他繼英、德、法之後，第一個東方版本的「歐蘭朵」。如果沒有一路走來的人生閱歷、靈性成長的體悟，以及拜入梅派、「當代傳奇」創新京劇和「金鎖記」的滋養，魏海敏無論如何不敢接招。

「歐蘭朵」是一段跨越四百年，同時打破性別界限的奇幻故事，而導演從不解釋「歐蘭朵」的文本，只教外部的動作，戲劇的內涵，唱唸做打，全部交由演員自己摸索、體會，這逼使魏海敏走上一段自我追尋的生命旅程，像通過危崖險灘的一場千里跋涉，最終成就了她舞台亮相以來，自豐厚底蘊上迸發，非偶然但卻天成的最大膽開放的表演。

「當時代變遷，京劇的風華不再，很多資深前輩選擇退隱，魏海敏卻選擇繼續突破。」與魏海敏長年合作的京劇導演李小平說。

魏海敏不僅選擇繼續突破，同時還成立「魏海敏京劇藝術文教基金會」，把京劇的傳承往肩上擔。她相信命運，這是她這一世必須完成的功課。（撰文 蘇惠昭）

2008年6月，與恩師梅葆玖同台演唱。

受邀至台北師大附中，對年輕孩子演講。

接演王安祈為她量身打造的「金鎖記」，魏海敏又一次打開自己，打破框架和模式。（國立臺灣傳統藝術總處籌備處國光劇團提供）

在「慾望城國」中飾演敖叔征夫人。（郭政彰 攝，當代傳奇劇場提供）

倒立先生

黃明正

七年級生，有人被譏諷為草莓族，有人則像黃明正，敢於大膽夢想，敢於與眾不同。二〇一〇年三月起，費時五個月環島倒立，上山下海兩萬公里，拍下一千兩百多張照片；以行動證明，倒立可以成為藝術，可以傳達某種理念，可以感動人心。

我的天賦、夢想與土地

黃明正用左手吃飯。他不是左撇子，卻小口小口慢條斯理地，以使用起來不是很流暢的左手持筷子吃飯。他的右手肘開過刀，醫生囑咐要多休息，儘量靠左手做右手的事。讓右手休息是為了做更重要的事，譬如倒立。

一個孩子如果告訴你，倒立是他的天賦、他的夢想，是他未來的路，你會怎樣？

如果是缺乏想像力的大人，下巴搞不好會驚得掉下來。夢想有正確與不正確，在大人被制約的想法中，夢想成為比爾蓋茲、賈伯斯是正確的，夢想成為超級偶像、麵包大師，現在看來也未嘗不可。但倒立是什麼？倒立可以成為事業嗎？有企業家徵人，開出的條件是擅於倒立嗎？有候選人說，你一定要投我，因為我很會倒立？

「大人」就是如此偏狹而無趣，習慣用「我所走過的路」來論定一切。只是黃明正偏偏透過行動證明了，倒立不只是倒立，從倒立出發，倒立可以成為藝術，可以傳達某種理念，可以感動人心，甚至醞蓄著改變世界的力量。

最有意思的是，被黃明正觸動最深的，也正是夢想多已在暮色蒼茫中的大人們，黃明正通稱他們為「長輩」。他第一回合的倒立環台結束後，多位長輩冒出來鼓勵他、關心他，其中一位還幫他報名上潛能開發課，語重心長地告訴他：「你要好好加油，你這兩年做的事，是大多數人一輩子做不到的。」

對倒立狂熱，在紐約體驗生命

倒立、翻跟斗，對黃明正來說是很自然的事，幾乎不用學就會。有的孩子很會察言觀色，有的孩子開口就會唱歌，有的孩子對數字特別敏銳，黃明正就是運動神經好。如果不是有個出生陸光國劇隊的叔叔黃志生，以及父母的敢於放手，他應該不會去投考台灣戲曲學校（前身即復興劇校），最有可能就是練體操，變成翻滾的阿信，在不斷的比賽中出頭天，或者敗下陣來。那將是一條與雜技技藝完全不同的路。

十歲到十八歲，八年學藝，黃明正主修繩技、晃管、倒立技巧、口技、爬竿、轉盤、地圈、疊羅漢，副修舞蹈、體操、中國武術。想家、受罰、不合理的學長制，就算他有一百個理由曾經想要休學，都敵不過天生一股對倒立的狂熱，狂熱到幾乎要走火入魔了。只要睡飽，只要感覺身體有變化和進步，這樣的成就感就會掩蓋很多的不快樂，更何況他是個集老師寵愛於一身的孩子。然後，在十三歲那年，他的右手肘受傷開刀，「老師眼裡的天才變成垃圾」，也因為右手肘骨頭變形，只好在倒立之外，延伸學習了很多雜技項目，同時體認到何謂現實的人生。

對學習雜技的孩子來說，四處表演乃是「正常生活」。但這個社會為學習雜技的孩子預備了什麼？或者可以這麼問：我們怎麼看待雜技？看待表演雜技的人？「李棠華雜技團」消失多久了？

似乎只有一條路，再升學。結果舞蹈系落榜，戲劇系筆試差一分，黃明正沒考進北藝大，反倒先「出社會」，到補習班打工。三年內，從工讀生做到部門的主任助理，這段扮演職業招生業務員的人生——他大概也是全台灣唯一會在拉學生時來個後空翻的業務員，黃明正發現了一個其實很有賺錢本事的自己，但他不快樂，那不是他要的人生，因此決定重考。實實在在讀了兩年書，終於進了第一志願北藝大戲劇系。

有些路，要走過才知那不是自己要的，但即使這樣，路也沒有白走。「念戲劇的人被教育成去組一個劇團，跟政府申請幾十萬、一百萬，演出四場，結束。但這個模式也只有在台北空轉，只有台北藝術圈的人認識你，一旦進入這個循環，就逃脫不了」，黃明正很快知道這不是他要走的路，期間他籌組過特技團、馬戲團，但那也不是他要的。就在無聊想休學的大三，他遇到了拉芳舞團的兩位創辦人許芳宜和布拉瑞陽，他們看上黃明正的資材，問他要不要到紐約跳舞。跳舞也不是黃明正要的，但是「我想試試看什麼是最屌的境界」，便答應了。

在紐約，黃明正果然經歷了最屌的生命教育。其一，在兩個月大量練身體的狀況下，「我發現一種我從小就很喜歡，卻在長大後遺忘了這種喜歡所帶來的快樂，那就是，身體。我知道了有一種快樂是與生俱來的，那就是，天賦。」其二，他看到了許芳宜怎樣生活，怎樣工作，看到生活與工作兩者如何交會轉化成藝術品放在自己身上說故事。兩大震撼宛如強烈水柱衝激黃明正，他赤裸裸無可逃避於自我檢視與自我批判。往後兩年，包括發表第一個作品《Moi》馬戲寓言體、畢業後去文建會當替代役，他都還在思考、消化紐約兩個月所受到的啟發，最後總結如下：

第一，天賦和興趣是要刻意經營，始能發光發亮。

第二，如果你要走的路沒人走過，那將會非常辛苦；如果你願意，那就做吧，沒時間抱怨了。

第三，將生活內容轉化成創作素材。

第四，再高超的技巧只要花時間就能學，有比技巧更重要也更難的，那才是真正要學的。

過自己創造出來的生活，感動全世界

所以，他想過怎樣的人生呢？黃明正的答案是，他要做自己喜歡的事、過自己創造出來的生活。他要經營自己天賦的舞台，他要下一代有雜技天賦的小孩有更多可以選擇的舞台，他要從零開始，帶動整個台灣的雜技環境。

他的天賦是倒立，那麼他的夢想呢？若是天賦和夢想合體，他可以做什麼呢？當然，以黃明正的表演能力可以接商演，最好賺的就是尾牙了，但「那樣很空虛」。他認定的雜技表演不只是娛樂，還可以感動很多人，而他想感動無以數計的人，最好是全世界。

因此，他成立了一個人的「當機劇場」，一個十五年的倒立拍攝計畫也誕生了。十五年，黃明正規劃環台三年，往後的十二年，先把台灣的故事帶到國外去，半年在國外，再把國外的故事帶回來台灣，半年在台灣。為什麼要環台？因為他必須親自去認識這塊土地，接觸土地上的人民，他設定全台灣的人都是他的觀眾。環台，也是一個故事的開始之始，像小說的序曲。十五年是一個故事的循環線。

那麼，錢從何處來？很簡單，就街頭賣藝。「所以我開始訓練自己街頭表演，就算我的夢想沒人聽得懂，至少我可以街頭表演，能賺錢，又是最自由的。」

父母則給他百分之百的空間，沒有說「你長大了要找一份『正式』的工作」之類的話。他們給黃明正一張白紙讓他自己畫，他們不會說，「來喔，我幫你畫好框了，你在框框裡面畫」，從小到大，一直都是這樣。

框框、框框、框框，但這個世界到處是框框，需要有人去打破，需要有人倒過來看。

在旅途中不斷探索自我

二〇一〇年三月，黃明正籌備八個月，用四百次的表演所籌到的七十萬元買了電腦、相機、道具等等必要裝備，開著老媽貸款買來再便宜賣給他的小破車從屏東出發，開始第一階段五個月的環台倒立計畫。他用Z字形走台灣，屏東、台東、蘭嶼、綠島、高雄、台南、嘉義、澎湖、雲林、彰化、南投、花蓮、宜蘭、台中、金門、苗栗、新竹、桃園、馬祖、台北，每個縣市大約駐點一星期，蘭嶼綠島則停留三到四天。會這樣走台灣的，除了總統候選人，應該只有黃明正了。

環島倒立自拍，他則是全世界第一個。他在街頭賣藝，表演晃管、口技、木磚倒立、提套圈……，四處尋找足以說明「這是台灣」的景點倒立自拍。以倒立之姿拍下一張好照片並不容

易，雲林的某塊稻田、綠島的奇岩怪礁，人潮流動的夜市，機車呼嘯的台北街頭……，每個景點都要花半小時到一個半小時，倒立兩百到四百次才會成功。有一次，他在國道五號護欄倒立，警察過來跟他說：「你紅了，因為電台正在廣播，有人在國道倒立。」在蘭嶼，他曾經意外落海差點被浪捲走。在花蓮，因為沒有錢、沒有體力，茫茫然不知未來的路怎麼走，想一躍把自己丟進海中。

他邊走邊探索自己未知的潛能，譬如毅力，譬如奇特的想法，譬如像雷達一樣敏銳的某種對於人的直覺力，「慢慢撿回在教育過程中被丟掉的，我的特質。」又譬如文字。他每天都寫日記，開發了過去沒有被啟發的文字能力。那樣的每一天，流來又流去的風景，相聚又散掉的人，都深深滲進了體膚，印刻在大腦皮質，他愈來愈像一隻可以轉頭三百六十度的貓頭鷹。

有人說他變態、發神經、頭殼壞去；有人以為他是越南人、大陸人、蒙古人；有人端綠茶請他喝；有人送他五百元資金。台北人看五分鐘就會投錢，十分鐘就走人。南部人不一樣，至少要看二十分鐘，覺得看夠了，才願意投錢。你以為台灣很小，蕞薾小島，每一個地方的人卻都有其獨特的面貌。

每一個旅途相遇的人，把錢投到帽子裡的人，其實都參與了黃明正的計畫，成了他創作的夥伴。「環台兩萬公里之後，我覺得台灣土地美麗得像太陽、未來像月亮、政治與黑道像城市光害，有很多在角落默默付出的人，他們像星星一樣隱隱發光。」

一個人，五個月，上山下海兩萬公里，一千兩百多張倒立攝影作品。無法測量的淚水、汗水以及內心衝擊，黃明正以此為媒材創作了當機劇場的創團作品，台灣第一齣馬戲獨角戲「透明之國」，以透明之眼呈現所看到的一切。「透明之國」的另一個寓意是台灣，一個進到國際舞台就被迫改變國旗的國家。他成了「Mr.Candle」，倒立先生。

用夢想服務人，用夢想賺錢

事情照著黃明正的計畫走，但是又更快。新聞媒體報導他；華山百戲雜技節邀請他擔任藝術總監；二〇一一年順利獲得第九屆台新藝術獎評審團特別獎；TEDxTaipei 邀請他演講；出版社邀請他出書。TED為科技、娛樂與設計的縮寫，是一個以「用思想的力量改變世界」為宗旨的組織，其演講網已覆蓋一百五十多國，至少一千五百萬人點閱，TED演講為黃明正未來的「跨出台灣」打下堅實的基樁。

種子撒下去，努力灌溉，季節到了便會發芽生長。環台倒立就像撒種，種子發芽了，黃明正走進一個又一個的演講堂，面對一雙雙好奇的眼睛，每一個人都想聽他的故事，從故事中獲得某種力量，打破框限。

「我的命很好。」黃明正總是說。他所謂的「命好」，意指他出生的世代。屬於黃明正父母的那一代，從小被灌輸一個為別人負責的人生，「自我」在奉養父母、教養子女的責任面前縮小了、靜默了；到黃明正這一代，因著上一代打下的經濟基礎，已不必為錢拚命，視野也開闊了，遂有了更多元的選擇和對人生的想法。

因為沒有太多責任要負，七年級生，有人被譏諷為草莓族，有人則像黃明正，敢於大膽夢想，敢於與眾不同，敢於承諾自己「用夢想服務人，用夢想賺錢」。在朝著夢想前進的路上，他看到了幾件事：台灣人普遍做的工作，不是自己的興趣或天賦；台灣人普遍不知道如何具體面對、實踐夢想；台灣人很愛台灣這片土地，卻不知如何保護它。

一個夢想衍生出新的夢想。他的演講逐漸發展出一個特定的架構，關於天賦、夢想和土地。他所指說的天賦，並不是明顯可見的能力，而是那些在教育中被忽略，甚至被踐踏的特質，譬如溝通、體貼、傾聽、細心、善良。他歸納出夢想會遇到的五個問題：家人不放心、朋友不支持、妥協於社會的遊戲規則、沒有錢，以及一定會出現的低潮，「這五個問題解決了，夢想就可以一直走下去。」

黃明正在床上擺放一張台灣地圖，攤開地圖，扣掉已經走過的路線，還有七〇%的空白，包括玉山，那是他夢想的倒立之處。二〇一二年一月，他開始為期二十個月的第二次環台。第一次出發的時候，他內心充滿恐懼，這次不一樣，已經有很多人認識他、關注他，願意做他的翅膀。當台灣有十分之一的人親身看過他，黃明正相信，這十分之一的效應將會帶領他高飛，降落在每一個他想抵達的國度。

十五年後，全世界都會知道他是誰。（撰文 蘇惠昭）

這個世界到處是框框，需要有人打破，需要有人倒過來看。

透過行動，黃明正證明了倒立不只是倒立 ，可以傳達某種理念，可以感動人心。(攝於宜蘭外海)

在雲林元長鄉拍攝。機車前座是李壯憲先生。

王文華

作家、夢想學校創辦人

是作家，也懂經營管理；愛文學，鐵人三項也無不可。順著探索自我的熱情與渴望，王文華人生的每一次轉折、換軌都讓他對自己更有信心；就連下班回家，也會特意走不同的路，感受不同風景，對他來說，這才是一手的人生。

永遠活在live

「好好用心打一場球。」電影「征服情海」中湯姆克魯斯飾演的運動經紀人馬奎爾用這句話鼓勵唯一跟隨他的球員小古巴古汀。

王文華有個習慣，下班後如果走路回家，每一次都刻意走不同的路，因為每一條路有不同的風景。

有時搭捷運，眼觀八方，觀察人的表情、髮型、穿著、配飾；耳聽四方，讓交錯於空氣中的對話流入，並且載於手機的記事頁，不然就記下瞬間腦中閃過的靈感。前智慧型手機時代，他隨身帶一本筆記本。

王文華有「四大讀書信念」。第一條：要讀喜歡的書；第二條：要讀不喜歡的書；第三條：要在書中讀到自己，反思自我；第四條：讀書不能替代行動，書裡是二手的人生，去工作、去戀愛、去旅行、去犯錯，真實認真活著，永遠活在live。現場轉播狀態，那才是一手的人生。

沒有彩排，現場轉播，不可以NG，彷彿老天爺有個鏡頭對準著，讀書、寫作、主持、演講、戀愛、旅行、半馬、鐵人三項……，無論做什麼，都只能全心全意。其中最大的奧妙在於，「wow！」王文華呼喊，蒼白的王文華不知會有一個完成鐵人三項的王文華；文學的王文華不知道會有一個企管的王文華；企管的王文華更不知道會有一個創業的王文華。

人生的軌跡經過大膽的跨界、異質的碰撞加上漫長時間的累積，總是忽然一個轉折，又一

個換軌，轉折和換軌間的牽連是某種自我探索的熱情，用另一種說法，其實就是不願意把自我框限在某一個領域裡，只順著一條軌道走。

「每一個人都存有好多種版本」，王文華越來越相信。

順從內心隱隱的渴望

一開始，王文華以為自己會在文學這條路上走下去。高中時，他躲在社團啃杜斯妥也夫思基《罪與罰》，大學畢業那年就出版了第一本書——短篇小說集《寂寞芳心俱樂部》。當兵時，還尋找縫隙自動補讀大學時來不及讀的西洋文學。學院深深，論文冰冷，未來就這樣決定了嗎？王文華決定面對自己的「庸俗入世，不甘寂寞」。

考完外文研究所的那天，他做的另一件事，就是和朋友討論開公司。

經過一年思考，王文華做了一個大轉折、大換軌，申請進史丹福大學讀ＭＢＡ。聽來很夢幻，但最初半年，與個體經濟、會計、決策分析搏鬥的他簡直痛苦不堪，像才入少林師門就硬闖十八銅人陣。所幸，他夠用功也夠聰明，撐過來了，倒吃甘蔗，漸入佳境。畢業後，從舊金山飛到紐約華爾街上班，出入雙子星大樓五年，兼「偷溜」到紐約大學成人進修學院電影製作班修課，以滿足對電影的相思。之後，又被公司外派東京半年，住在聲色犬馬的六本木。

到此，文學就變成回憶了？並不，對王文華來說，商業世界的一切正是「寫作的資本，無限延長的文學戰線」。從文學到商業，他發現生命最大的樂趣，便是「隱隱覺得有多種版本在身上」，是一種彷彿什麼正在成形卻又不真確知道那是什麼的「隱隱的渴望」，像確認愛情前的曖昧。

也是「隱隱的渴望」呼喚著他，一九九九年王文華回到台灣。紐約是座「慾望城市」、世界的中心，但夜闌人靜，他沒有安身立命的感覺，和這裡認識的朋友也沒有共同的記憶。順從內心隱隱的渴望，他飛返老巢，找回老朋友一起打籃球，找到一份結合專業與興趣的工作，擔任博偉電影公司的行銷經理。

讓王文華成為暢銷作家的《蛋白質女孩》中的「我」和「張寶」，這兩個「台北壞男人」、「東區痞子男」的愛情冒險，就是在那樣的狀態下產生。是「商業人」和「電影人」注入王文華血液後的脫胎換骨，也可以說是他多年文學演練後的一場空前的、自我突破的演出。

《蛋白質女孩》之前，王文華已經出版過五本書，但從來不是暢銷作家。寫《蛋白質女孩》的時候，他的生命列車剛剛好開到「革」的位置。「革」，去故也，想丟掉三十歲以前如影隨形的蒼白身影和沉重包袱，告別深沉鋒利的伍迪艾倫，擁抱簡單溫暖的如「一家之鼠：小史都華」，同時也希望愉悅讀者。

然而，後來慢慢形成到一發不可收拾的合仄押韻風格則「純屬偶然」、「只是因為好玩」，

好玩到王文華經常寫著寫著就跟著哈哈大笑起來。

生活才是目的，夢想不能等待

《蛋白質女孩》像強烈颱風掃過慾望橫流的台北、上海和北京，又過境日本。那一段時間，他享受十年寒窗、一舉成名的愉悅感，心裡也明白「暴紅」之如夢幻泡影。大眾口味瞬息萬變，「誰知道我還能紅多久？搞不好下一本書就不賣了」，作家唯一能做的，就是為忠於當下的自己而寫。隔年，王文華便寫了一個「普世的愛情故事」《61×57》，從嘻笑怒罵、玩世不恭回復到他抒情浪漫的原型。

境遇不同，想法在變，每本書都有它命定的時辰，錯過就錯過了，再也寫不出來。所以，二〇〇八年寫出純愛小說《我的心跳，給你一半》的王文華，已經不是二〇〇〇年寫《蛋白質女孩》、二〇〇一年寫《61×57》的那個王文華了。這中間他還在職場跌了一跤，陷入前所未有的低潮，結局是「我開除了我自己」。

當ＭＴＶ電視台找王文華去擔任總經理時，已是他扮演「企業戰士」的第九年，身體疲倦、創意和衝勁不再生猛，但ＭＴＶ賦予他的是扭轉乾坤的期許，他也高估了自己的能力，以為只要靠努力和經驗，就能解決盤錯的問題。半年過去，他發現自己錯了，也就沒有理由留在那個位置，於是，「高調的開始，低調的結束」。之後，他的人生有了結構性的翻轉，除了坦然承認自己是個「平庸的總經理」，人生目標也從體制內的企業人、經營個人品牌轉換到「成為一個豐富的人」。

「如果我做的是一個不喜歡的工作，每天都過得很痛苦，怎麼辦？」後來總是有人問他。

王文華這樣回答，如果有離開的本錢，那就離開吧，但要確定那不是一時的情緒。如果沒有離開的本錢，那更要認真努力的工作，「逆境中的認真，是更大的修練。」

工作、賺錢當然重要。資本主義體制下，「千萬不要假裝賺錢不重要，賺錢是生活的基本條件，也是一種承諾，一種紀律，但不要搞反了，賺錢是為了讓生活更美好，把錢用在快樂的事上，生活才是目的。」

人生永遠沒有萬事皆備的時刻；人生不能等待，有夢想，就要朝著夢想前進，即使每一天只前進萬分之一。「夢想是立地成佛，是此時此刻」，因此，二〇〇七年王文華和趨勢科技董事長張明正共創「若水國際」，又一次的生涯大換軌。「若水」本質上是個創投公司，但投資的標的是「社會企業」（Social Enterprise），即以公益或解決特定社會問題為核心目標的企業組織型態，涵蓋公共衛生與醫療、貧窮、環保、教育、弱勢或邊緣族群問題。然而，「社會企業」不是靠捐贈的公益事業，它的目標在賺錢，因為只有賺錢，公益才能永續，「不是為了賺錢而做公益，而是為了做公益賺錢。」

彼此啓發、娛樂、感動

「若水」是王文華夢想之一。他夢想「用新的方式，做新的事」；夢想把工作的快樂和人性找回來；夢想和一群聰明熱情的人一起做事、一起解決困難的問題，讓自己和更多人的生活更美好。

二〇一〇年五月，王文華創辦「王文華夢想學校」。為什麼做「夢想學校」？他這麼說：因為從小就喜歡「啟發」、「娛樂」、「感動」這三種感覺，而「夢想學校」，就是為了被啟發、娛樂、感動，也為了啟發、娛樂、感動人。

和「若水」一樣，「夢想」也是在沒有完全準備好的情況下放手去做，學校未來的發展、規模和目標，做了再說。

學校具體的課程，是用世界一流企業的觀念、做法、成功和失敗案例來啟發全球華人的企業和員工，讓華人企業達到世界一流水準，也幫助個人架構自己的圓夢計畫。

目前學校有員工五人，講師只王文華一人。為了準備不能重複的教材，他每天埋首讀書、蒐集資料，比在學校時還用功。他上課的時候，像主持人，學員不只聽，更要說、做、參與、貢獻，這是史丹福的學習方式，也是從事企管、演講十五年來，王文華從實做經驗體會到的最有效的學習方式。

「持續學習」是「夢想學校」的價值觀之一。「夢想學校」相信，人可以不斷學習、進步、自我改造、自我提升。也只有「持續」的學習、複習，才能造成思想的啟發和行為的改變。所以，「夢想學校」不給一次性的課程，更是一個終生共同學習的社區。

終身共同學習，永遠朝著夢想前進，那正是活出一個多版本豐富人生的奧祕。（撰文 蘇惠昭）

從商業到文學，王文華發現生命最大的樂趣，便是「隱隱覺得有多種版本在身上」。

基於對「啟發」、「娛樂」、「感動」的熱愛，王文華在 2010 年創辦了夢想學校。

在經歷過一些高低起伏後，王文華的人生目標從體制內的企業人、經營個人品牌，轉換為「成為一個豐富的人」。

優人神鼓

劉若瑪 黃誌群

踩好當下的每一步

江湖上人稱「修行藝侶」的阿蘭與阿禪，曾經各自走了一段很長的路，最後又奔往同一個方向，成為緊密互補的靈魂伴侶，也將優人神鼓推向國際舞台。第五個五年，他們不僅要雲腳台灣，更要為這片土地上的年輕孩子付出關懷。

劉若瑪，右為黃誌群。

劉若瑀、黃誌群，在優人神鼓沒有人會這樣喊他們。大部分人喊劉若瑀「蘭姊」，「蘭陵時代」的老朋友像吳靜吉、李國修則喊她「秀秀」；黃誌群則是「阿禪」。年輕的學員當然就稱他們為「劉老師」、「黃老師」。

蘭姊和阿禪還沒有相遇之前，優人神鼓還是優劇場；阿禪是台北民族舞團和雲門的舞者，他們各自走了一段很長的路，像兩條河流奔往一個方向。這條路的開始，蘭姊叫做劉靜敏，天生麗質，兼又遺傳了軍中康樂官父親的表演天分，因此考進文化大學學習中國戲劇。黃誌群則叫做黃志文，馬來西亞怡保山城一個熱愛武術和擊鼓的孩子，十七歲來到台灣就讀國立體育學院。那一年，劉若瑀正好離開台灣，遠赴美國，到紐約大學去學習「傳說中的表演方法」。

劉若瑀　拋下明星光環鑽研表演

一九八二年，劉若瑀二十四歲不到，因為演了蘭陵實驗劇坊「荷珠新配」的荷珠、「碾玉觀音」的秀秀而成為劇場紅人，復又以電視兒童節目「小小臉譜」獲金鐘主持人獎。劉若瑀擁有成為明星的條件，順著這條路走下去，前途一片亮麗。之所以選擇在早來的平步青雲面前放下，是來自一個「我要把表演當作學問來做」的念頭。

對劉若瑀而言，蘭陵的同伴李國修、李天柱都是厲害演員，可她卻不是那種一個轉身就能嬉笑怒罵的人，「所以我不能停留在現在，我需要有人引導，需要依循一個方法，讓我成為一個很棒的演員。」當這樣的想法凌駕一切，她必須離開，天涯海角拜師追尋。

張靚蓓編著的《十年一覺電影夢》一書裡，李安提供了一張照片，是在劉若瑪寄居的頂樓拍的。劉若瑪穿著碩士服手持畢業證書，其他三人為平珩、羅曼菲和精瘦的李安。這四個在紐約相識的朋友，日後在舞蹈、劇場、電影，各自走出一條燦爛大路。那時的劉若瑪，雖然畢業了，卻仍是個「還沒有看見自己的人」。接下來的一年，才是她表演藝術生命關鍵的一年。

黃誌群　天生的鼓人印度尋道

鼓聲，對黃誌群永遠是種召喚。怡保有很多華人的民俗活動，有活動就有鑼鼓，從小一聽到鼓聲，黃誌群便想衝出去，雙手不由自主的跟著揮動，彷彿是天生的鼓人。十二歲，又因為看了李小龍的電影，對武術著迷，便找到一處少林北派的精武會習武，兼練擊鼓，舞蹈則是他到體育學院後才碰觸的。武術和舞蹈乃是兩種不同的系統，「武術是有機的，一個練武術的人，他的身體從沒有打過拍子。」舞蹈把黃誌群帶到一個新世界，那個世界有音樂、有節奏、有故事，有不同於武術的呼吸方式、用力的方式。

其實，黃誌群一直渴望打鼓更勝過武術與舞蹈，「鼓聲有種直接的力量，直接穿透內心，震撼整個身體。」有一次到日本旅行，看了一場擊鼓表演後，一種奇特的震撼像電流從腳底到頭頂穿越整個身體。他原以為鼓是一個人的表演，譬如舞龍舞獅的擊鼓，從來不知道打鼓可以一群人一起打，而且是眾人一起下、一起結束，不可思議的精準。那時，他已經成為舞者，掌握到身體與拍子的關係，因此便有了一個更大的發現，「原來鼓中也有音樂、有節拍，每一個擊鼓人心中都有拍子。」

接下來，印度的旅行更是把黃誌群的生命翻了一番，清理了一遍。

三十年後，劉若瑀把一九八四、八五年間，她到加州追隨波蘭劇場大師葛羅托斯基一年的經歷，寫成《劉若瑀的三十六堂表演課》一書。書裡，她讓葛羅托斯基扮演「老先生」這個角色。

重新思考，再定位

劉若瑀說，不是因為她記憶力超強，或者留下了筆記，而是那一整年的經歷、那一整年「老先生」說的話，不斷地複製、轉印到她的人生，到最後變成了她的思維，她的生活，她的故事。譬如「兩隻鳥」，每有新團員進來，她必講，講了快三十年。（一個人必須同時是兩隻鳥，一隻鳥在吃東西的時候，另一隻就不吃，只是看著牠；等這一隻吃完了，另一隻才會吃。也就是說，不論你在做什麼，讓內在的另一個你不斷地觀看著你）

「所以，每當我寫下一個標章，講述一件事情時，我發現，那就是我剩下的記憶，是我僅僅記得的。每一件事都如此鮮明，歷歷在目，不是那時那刻，而像此時此刻，因為這每一件事都影響我非常地深，都是一個棒喝……」

回頭看，當時會追隨「老先生」學習——有時幾乎像苦行。那個源頭，就是劉若瑀對表演的重新思考，再定位。

「當時我就有一種想法，表演，不是在舞台上風風光光，不是為了聽掌聲，被稱讚，不是為了聽到有人說『你做到了！』那一瞬間的成就感，而是一種往內的挖掘、探索，是要問自己，我到底怎麼了？我的問題在哪裡？我的恐懼，我的欲望是什麼？我要怎麼樣才能做對我這個人，救我自己？因為我是那樣一個不了解自己，看不見自己，一個需要別人來點醒的人……」而「老先生」正好是一個處處指出她毛病的人，譬如對她的「西化了的身體」、「自我想像和客觀之間的分辨」的質疑。只要被「老先生」點出一個問題，當晚她就不必睡覺了。

直到現在，「救自己」這件事對劉若瑀來說，仍舊是最大的觸動。所以，二〇一〇年，當她看到出獄後加入優人神鼓的更生人阿甘在花博主演「花蕊渡河」，眼淚就啪啦啪啦掉下來了。

「有沒有想過呢？一個人可以看見自己而走出來，透過內在的轉化，改變自己、拯救自己，那背後需要多少的觸動？要經過多大的努力？人世間沒有一件事比這更值得了！」她講阿甘，也說自己。

一九八八年，帶著改變的自己回到台灣的第三年，劉若瑀創立了優劇場。

「優」，在中國傳統戲曲指的是表演者。優劇場以木柵老泉里山上為基地，一開始就走一條不同的路，一種源自葛羅托斯基，結合修行、演員訓練和表演藝術表現的訓練，再慢慢演化出屬於東方、中國、台灣、劉若瑀的劇場觀、劇場美學，因此而有為期五年，將傳統技藝與民間科儀的身體形式納入表演的「溯計畫」。團員必須學習傳統武術、太極、民間戲曲，並利用面具和布袋戲風格戲服創造表演風格，發表作品包括以劇場形式呈現的「鍾馗之死」，以野台形式呈現的「七彩溪水落地掃」，復又拓展到「山月記」的山上劇場。

「溯計畫」近似學術活動，也成為當時藝術所研究生論文題目。

一九九三年，劉若瑀邀請黃誌群到「優」教導擊鼓，第一個發表的作品即「優人神鼓」，「優」從此翻轉為「優人神鼓」，山上擊鼓，四方共鳴。優人神鼓也擊出了劉若瑀與黃誌群的愛情故事，江湖上稱他們為亦道亦藝的「修行藝侶」。

二十四小時看見自己

受邀至「優」擔任擊鼓指導之後，黃誌群辭去了雲門的舞者工作，先去印度。行前他遍讀奧修、克里希那穆提、印度歷史和印度神話，原來計畫旅行一個月，但回到台灣時，大半年已經過去。

在恆河聖城瓦拉納西，黃誌群遇到一位雲遊僧，兩人聊起來。他告訴雲遊僧自己有打坐的習慣。「打坐完後是何感覺？」雲遊僧問。「安靜、溫暖，外在的事物看起來一片詳和，」黃誌群答。「年輕人呵，坐在那裡什麼都不想，這不叫打坐，你說的打坐，只不過是糖罐子，裡面的糖根本沒吃到，」雲遊僧絲毫不留情的一劍刺過來。

這番話像當頭棒喝，黃誌群猛然被打醒，他打坐而不知何謂打坐。為了學習「真正的」打坐，便跟著雲遊僧去到菩提迦耶——釋迦牟尼證悟的所在，拜他為師學習。「二十四小時活在當下」，師父只用一句話就揭露了打坐的真義。但如何活在當下？師父教導黃誌群：走路，把心放在腳底；吃飯，把心放在舌頭；聽，專心的聽；看，專心的看；不要有想像；不要只想聽鳥叫聲而不聽喇叭聲，和悅與嘈雜，它們同時並存。

再返回瓦拉納西，黃誌群正好看到喪家在焚燒屍體。生命中的第一次，他的腦中紛紛亂亂冒出一連串過去從未有過的疑問：我什麼時候會死？死後的生命到哪裡去？我來到世間的目的是什麼？生命的終極意義又是什麼？帶著無法解開的疑惑他再回到菩提迦耶尋求師父開示。「你自己到樹下打坐去，」這一次師父不肯教了。

接下來，就是每天長時間的打坐練習，一個問題一個問題的去參，參到有一天，黃誌群忽然明白了「活在當下」的意思。原來，活在當下就是二十四小時看見自己。人是看不見自己的，而活在當下的人，他看見了自己，一舉一動，動心起念；他看見了善意與邪念，美麗與醜陋同時存在的自己，「看見了，就清楚，就了解，然後就接受。接受以後，就像在黑暗的房間中點起一把火，人就會找到自己的出路，不再恐懼。」

帶著改變的自己，帶著在印度得到的體悟，黃誌群回到台灣，調整了「優」的體質，奠立日後優人神鼓打坐、打拳、打鼓「三打」的訓練模式。來到優人神鼓一段時間的團員，還必須去「內觀」——禪修十二天。雲腳也是修行，「走一天路，打一場鼓」，是「三打」之外，優人神鼓獨特的肢體訓練方式。透過修行、禪坐、走路，從而看見自己，自我提升，就是認真對待生命，認真做我這一生一世的功課。劉若瑀和黃誌群希望，每一位「優人」皆如是行，但不強迫，「要不要跟上來，能不能走下去，是自己的事。」

此後，黃誌群又去過三次印度，前面三次如果是「進去」，第四次的印度之行就是「出來」。那一次，二〇〇一年，優人神鼓已經走出台灣，獲邀參與各國際重要藝術節演出，他一個人來到印度——當時劉若瑀以為他再不會回來了——坐在恆河畔大哭。因為他看見了一個多年來「只有打坐，沒有情緒，沒有貪瞋愛恨」的自己，「但生命，很多狀態是矛盾的，生命，不應該排斥另一個生命，人與人雖然互相牽制，也互相給力量。」

「那年之後，這人開始寫詩，開始關心人，也會讀報紙，陪小孩看電影，有趣多了，」劉若瑀說。

第五個五年，雲腳台灣

優人神鼓這樣定義自己：「優人」是表演的人，「神」是人在高度專注下，所進入的一種寧靜、無我狀態。優人神鼓，亦即在自己的寧靜中打鼓。

優人神鼓已經進入第五個五年。第一個五年，「優劇場」在「溯計畫」中誕生。第二個五年開始擊鼓，翻轉化「優人神鼓」，一九九八年獲邀到法國亞維儂藝術節戶外演出，之後它不

僅止於台灣，而是環繞著世界演出，但無論走多遠，「台灣這塊土地一直是我們安定的力量，」劉若瑪說，黃誌群也這樣說。

「合體」的他們發展出的創作模式為：黃誌群負責編作，為此他「苦幹蠻幹」學了鋼琴、記譜法，「當我告訴作曲家，旋律中要放進修行、靜坐、活在當下，如果他沒有和我一樣的體會，怎麼做出我想要的音樂？」劉若瑪則是導演，她會從劇場的觀點提出增修或刪減，多數時候黃誌群尊重她的專業，偶有意見不合，兩人會一直溝通到意見一致。「捨比取重要，有些段落很好，但放在作品中不適切，就必須整段拿掉。」

截至目前，「聽海之心」和「金剛心」被公認是優人神鼓的代表作。對劉若瑪和黃誌群，每一部作品，反應的都是當下的狀態。「聽海之心」，他們單純的相信人，相信內在的力量。之後因為學習了藏傳佛教的儀軌，修行方法，所以才創作出將咒語轉換成音樂，並探討人的內在衝突、放下與提升的「金剛心」。二〇一一年發表的「時間之外」，則像一幅流動的抽象畫，更多的意在言外，更多的不可說不可說。

二〇〇八年，滿二十歲的優人神鼓，慶祝方式就是「雲腳台灣」。用五十天繞行台灣一週，一千兩百公里，演出三十三場，「用腳串起生命的力量，用藝術串起生活的關懷，用行動串起生命的力量」。

一個打坐打鼓打拳的表演團體可以入世到怎樣的程度，和社會聯結有多深？優人神鼓做了極致的示範，先是推動「神鼓小優人」培訓計畫，以傳承獨特的身體與心理訓練。接之，又突破現有教學體制，與景文高中合作創設「優人表演藝術班」，二〇一一年獲金鐘獎迷你劇男主角獎的黃遠就曾是這個班的孩子。然後，進駐彰化監獄教鼓，成立「彰監收容所人鼓舞打擊樂團」，在阿甘之外，二〇一二年又另有一位更生人加入優人神鼓。在二〇一二年台北市跨年晚會上擊鼓的孩子，來自「少年安徒生行動學校」，他們大多來自單親、隔代教養家庭或是校園中輟生，分批雲腳北上，最後以台北的演出畫下句點。

台北好遠噢！當孩子們這麼說，黃誌群會告訴他們：「台北不遠，往前走一步，再一步，就到了。」「踩好當下這一步就是精進」，這是他現在的狀態，一個出出入入的禪者。

而劉若瑀，從表演到修行，現在的她，內在心態與外在面目都越來越靠近一個社會工作者。她的手機裡存滿和更生人一來一往的簡訊。她努力幫忙找錢，好讓埔里的吸安少年脫離沉淪，到景優班讀書。她告訴帶領少年「雲腳」的優人老師，必須和這些孩子做朋友，一對一的交心。當有人來到優人神鼓學習，她關心的是，這是不是一個有自覺的人？一個醒過來的人？

就像許多年前「老先生」救了她，讓她看見了自己。救自己，救別人，做一個有力量幫助人看見自己的人，這就是劉若瑀的「當下這一步」。（撰文 蘇惠昭）

劉若瑀很早就自覺，表演不是為了風光、掌聲，而是一種往內的挖掘、自我探索。

黃誌群為優人奠立了「三打」的訓練模式，讓團員透過修行、禪坐、走路，看見自己、提升自己。

養蜂達人

吳俊賢

身材圓潤、笑容古意的年輕人，是台灣少數自創蜂蜜品牌者。短短十幾年，從養蜂第二代變成知名蜂蜜達人。不只吸引阿嬤親自上門給孫子買蜂蜜，甚至帶動了台灣食用純天然蜂蜜的風潮。

每次失意都成為一種動力

每年四月龍眼花開的季節，逐花香而來的養蜂人，帶著蜂箱進駐了南投中寮，為少有外來客的鄉城添了熱鬧。綽號「小蜜蜂」的養蜂達人吳俊賢說，「養蜂人家，就像遊牧民族一樣，逐水草而居，哪裡有好的蜜源，就遷移到哪裡。」不過，以前從外地來中寮採蜜的人並不多，這幾年人數增加，跟吳俊賢在媒體的曝光度很有關係。

這位身材頗有分量、笑起來古意的年輕人，是台灣少數自創蜂蜜品牌者，短短十幾年，他從養蜂第二代變成知名蜂蜜達人，不只吸引阿嬤親自上門給孫子買蜂蜜，甚至影響了台灣食用純天然蜂蜜的風氣。

「我相信蜂蜜是大自然所賜最好的禮物，人也要像蜂蜜一樣，堅持單純、天然，返璞歸真最好。」

對傳統的經營模式心存抗拒

從懂事以來，吳俊賢就得幫忙餵糖、夾幼蟲，養蜂人的皮肉並沒有比一般人厚，被蜜蜂盯得超痛苦的他，開始找藉口逃避。心疼兒子的爸媽也不勉強，甚至以「好好讀書，讀不好就去養蜂。」來激他用功。

偏偏是想逃的愈逃不掉，吳俊賢書念得不怎麼樣。高中畢業去當兵，兵役期間實施精實政策，害他提前退伍；想去做比較好賺的土木、水電工，看看自己的身材，爬上爬下恐怕 hold 不住。繞了一圈還是回家跟老爸一起養蜜蜂。「回頭想想，我不是怕蜜蜂叮，抗拒的其實是保守的經營模式。」

台灣的蜂農都是小家庭制，由一對夫妻加一、兩個孩子組成小團隊。養蜂人家靠三種收入過日子，「蜂王乳是領月薪，每年採集一次的花粉和蜂蜜就像年終獎金。」每天生產的蜂王乳通常賣給盤商，剛好可支付養蜂成本，以及每月家用開銷，一整年純龍眼蜜的上限約為十幾桶（三千公斤）。傳統的生產型態和規模，算是吃得飽、穿得暖，「但人在養蜂場從早做到晚，根本沒有時間去想通路，生活也沒有什麼品質。」

「我一直覺得老天是公平的，也很厚待我。」蜂王乳、花粉、蜂蜜的產量會自動呈現三角平衡，如果你家的蜂王乳比較多，蜂蜜就採得少。剛好吳俊賢家的蜂王乳少、蜂蜜產量多，買蜂蜜的客源自然也特別多，逐漸累積口碑，鄰近蜂農也來託售。事實上，他對於如何改變傳統被動的銷售方式更有興趣。

創立品牌，自己挺自己

九二一地震之後，受災嚴重的中寮鄉，吸引許多企業與社會資源進駐，協助地方產業發展，吳俊賢因此接觸了很多新的行銷與經營概念。中寮沒什麼觀光景點，少有遊客，他開始主動走出南投，到外縣市跑農特產展銷會。

「做生意真的會讓一個人快速長大，每個刺激都是一種助力。」讓吳俊賢創立品牌的動力來自於一次難堪的拒絕。南部一家百貨公司舉辦南投農特產展售會，看到蜂國的包裝當場打了回票。「就是一般蜂農標準制式包裝，一種是玻璃瓶，另一種是五台斤的塑膠桶。」當時他很不服氣，自認有最好的蜂蜜品質，卻被擋在門外，回家跟父母商量開發新包裝，卻不被接受。

吳俊賢決定自己挺自己。「很幸運地參加企業輔導時認識設計師唐姐，她願意力挺年輕人，設計費讓我分期付款。」當時身上沒什麼積蓄，所以他和太太（當時還是女友）每個週末開著小發財到處跑農特產展銷會，賺了錢，週一就去做匯款的動作。

「那時週一到週五在養蜂場做蜂王乳，週五晚上太太負責分裝蜂蜜、貼包裝貼紙，我來打包裝箱，然後叫醒小睡片刻的她，一起開車北上。清晨到了台北，換她開始顧攤位，我又跑回車上瞇一下。」

「其實那段時間還滿開心的，是最沒有壓力的階段。」晚上收工小倆口還可以去逛逛士林夜市，吃塊豪大雞排，打拚兼約會。吳俊賢記得，第一次雖然只賣得了九百元，但是靠著努力，兩年後逐漸把款項付清。後來，設計師還將吳俊賢女兒五個月大的照片設計成小蜜蜂 logo，這隻圓嘟嘟的小蜜蜂變成了最佳品牌代言人。吳俊賢的太太劉京妮笑著說：「我懷孕時天天吃蜂王乳，女兒一出生皮膚又白又嫩，現在比同年紀小孩高壯許多，還真變成了活廣告。」

「有些台灣蜂蜜，原料其實來自泰國，不然就是經過機器濃縮，老一輩的一吃就知道，現

在的蜂蜜與古早風味差很多。」吳俊賢打開了話匣子。真正自然熟成的蜂蜜，必須在蜂槽片中讓蜜蜂自然反芻、蠟封，大約一個星期才可以採收。熟蜜不但酵素營養完整，而且水分已達儲存標準，自然過濾就可裝瓶，不會發酵壞掉。相對於三、四天就急著採收的蜂蜜，因為水分含量高，易發酵，發酵的蜂蜜會像香檳一樣產生氣體爆破玻璃瓶，甚至彈到屋頂上，所以必須經過機器濃縮，卻又因為抽乾加壓過程而減低了酵素成分。

吳俊賢曾上電視教消費者如何辨認蜂蜜的好壞，節目播出後，銷售量一飛沖天，宅配公司都派專車來收貨。看起來憨憨土土的吳俊賢意外地非常有觀眾緣。「上節目的時候，他身邊總是跟著一群婆婆媽媽，她們說：小胖哥的臉看起來就是不會騙人，跟著他一定不會錯。」

其實劉京妮也可以說是被小胖哥給「騙」來的，她原本是一家咖啡廳的能幹店長，秀氣又斯文。放下身段，跟著吳俊賢養蜂，一開始很慘，經常邊做邊哭。「常常同時遭小黑蚊與蜜蜂攻擊，腳腫得鞋子都沒辦法穿。」

走得愈快，愈孤獨

「有，是承擔；沒有，是享受」，榮辱毀譽總是伴隨而至，人生得失參半。沒想到只是堅持理念，卻說出了業界不願意曝光的真相，尤其是強調「保證一〇〇%無抗生素殘留」，讓他們接到好多恐嚇電話。

原來，蜜蜂也跟人一樣，會頭暈、感冒。老一輩的養蜂人在蜜蜂拉肚子時，都會餵食表飛鳴，有的還製作大蒜醋補強抵抗力。總之，中西藥都有人用。當時農改場已經研發推動以中藥取代抗生素，吳俊賢很能接受這樣的觀念。

「我也不是清高，只是堅持蜂蜜愈天然愈好，對消費者有益，自然也能賺到錢。」他卻好像捅了馬蜂窩，忽然得罪全世界。

吳俊賢沒想到走得愈快，愈孤獨。他驅散孤獨的方法是知足與感恩，告訴自己既平凡又幸運，一路碰到貴人，才能把品牌做起來。事實上，他的堅持漸漸穿透出影響力，雖然不免引來爭議與不滿，開始有同行也打出純天然與不投藥的訴求，對整體台灣養蜂業來說，是一種進步與提升。

「很高興有機會走出去，幫助自己打開心量與視野。」吳俊賢說以前自己也會小鼻子、小眼睛，在意同業競爭，希望獨佔市場，但是漸漸體會眼光要放遠，只有形成地方產業，大家都有錢賺，吸引年輕人回鄉，中寮才能重新爬起來。

「你知道嗎？蜜蜂跟人不一樣，年紀是以日計，平均壽命只有三個月，」吳俊賢說，他不曾看過有人比蜜蜂更認分與執著。工蜂的一生，剛出生二十天以內負責內勤工作，吐蜂王乳，打掃室內。之後就外出採花粉、花蜜；在生命的最後階段，仍盡忠職守，負責採水與守衛。然而，蜜蜂國度也有殘酷的一面。為了群體生存，當食物不足時，交配完的雄蜂會被驅逐，垂死

顫抖中的蜜蜂，也會被工蜂不留情的拖出去。雖然清楚「適者生存」的道理，但他內心總感覺不忍與拉扯。

每年龍眼季，中寮鄉常聽到救護車急馳呼嘯的聲音。因為爬到樹上採收的都是老人家，有時突然頭暈，就摔下來了。「其實中寮真的很可憐，平地只有七%，山地難以發展，又沒有重要交通幹道經過。」九二一之前，聽過中寮的人很少，九二一後，企業離開，地方產業還是起不起來，年輕人沒信心，更不願意回來，吳俊賢連想請個行政助理都很難。

積極開發新產品，在地優先

成功踏出第一步後，如今，鄉里父老都對他寄予厚望。「每逢龍眼季，常常有阿伯直接把龍眼乾堆過來，要我們幫忙賣。」中寮龍眼乾採古法碳焙，風味評價很高，但都是小家庭生產，成本壓不下來。吳俊賢幾乎是沒賺錢在幫忙，包裝、外觀破損等還要自行吸收，幾乎吃不消。「大家都以為我賺很多，一個人要改變地方文化真的很難。」孤掌難鳴的感覺始終揮之不去。

儘管如此，他還是積極開發新產品，堅持以中寮鄉的農產品為優先；像桂圓紅棗茶就是為延長龍眼乾保存期限所研發的加工品。一開始，連中寮人自己都不看好，第一波宣傳沒打響。吳俊賢不放棄加強第二波曝光，把村長請去上電視，最後竟然變成大熱銷，很多外地人親自到中寮來購買，問路問到警察局去，連警察都好奇上門，中寮鄉親自己才回頭來認同這樣產品。

「其實我很羨慕南投信義鄉有梅子、魚池鄉有紅茶產業，中寮養蜂的只有兩三家，還只能算是副業。」在他心裡有個理想圖，有一天中寮的蜂蜜、碳焙龍眼、柳丁都有機會成為地方產業，吸引年輕人回家。

「以前中寮的香蕉和柳丁很有名」，他記得母親說過，中寮香蕉叫做天皇蕉，特別Q，連日本天皇都指定要吃，青果合作社還打造黃金來送蕉農。極盛時期，中寮有茶店，如果客人身上沾到一點點黑黑的香蕉奶（樹汁），表示是有錢人，小姐都會特別殷勤招待。吳俊賢也依稀記得，小時候柳丁花開的時候，整個晚上中寮鄉都是香的，淡淡的香氣，夢中似乎都可以聞到。

現在，吳俊賢決定先專心把品牌實力扎得更穩。他邀請好幾位在地契作蜂農合作，鼓勵不投抗生素，希望先帶動蜂蜜成為中寮的地方產業。就像他取名「蜂國」蘊含的野心，有一天，中寮能夠變成台灣的蜜蜂王國。（撰文 蘇惠昭）

柚子花開，蜜蜂採蜜忙。

每到假日，大批旅客參觀蜜蜂生態教學。

每年四月，是養蜂場採集龍眼蜜旺季。

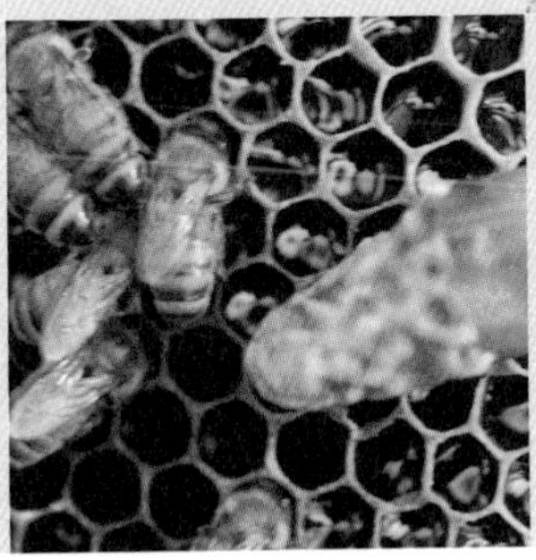

培育蜂王的人工王台。

翁良材

—台中稻農、秧苗達人

台灣有一半的益全香米稻種都由翁良材供應。豪爽、靈活與正義感的個性，使他不甘心只當一個靠天吃飯、看糧商臉色的傳統稻農。擔任台灣稻作協會理事長期間，積極整合稻農力量，勇於挑戰不合理體制，期盼「讓種田人活得更有尊嚴」。

懷著野望之心，為稻農出頭

「種稻的智慧就是從貧窮、困苦中找到意義。」美國作家麥爾坎・葛拉威爾

正在育苗場工作的翁良材接到一通約訪電話，他想也不想地對著手機喊：「我透早四點半就在田裡，你十點來太晚了吧？」雖然只是段小小的對話，卻很能反應翁良材的風格——直率敢言，化被動為主動，適時掌握全局。

整天穿梭於秧苗田、稻種倉庫，電話不斷的翁良材，身材胖胖的，飽滿素直的臉孔在霸氣中帶有一分喜感。雖然感覺「土匪土匪」的，卻不會讓人怯於接近，跟印象中溫順認命的台灣農民很不同。如果要選一種兵器來代表翁良材，大砲會是很貼切的形容。

二〇〇七年四月，時任台灣區稻作協會理事長的翁良材，硬闖入台北農糧署會議室。當時，官員和糧商代表正在研討刪除糧食管理法第十條第二項。此法一旦通過表決，除非取得糧商執照，否則以後稻農自產自銷就屬違法，自己種的稻米必須全數交由糧商收購銷售。

「為什麼種蔬菜、水果的農民都可以自產自銷，只有稻農不可以，農會稻米產銷班的名字攏是假？乾脆改名稻米生產班算了。」一句話讓官員與糧商們面面相覷，不敢吭聲。

「今天若要表決，我一個人舉兩隻手、兩隻腳絕對輸你們。只要主席敢做決議，明天我絕對帶更多農民來！看是誰在圖利糧商，還是照顧農民！」翁良材力抗官員、糧商的重砲轟擊，使得刪除法案的提議就此擱置。今天全台各縣市農民自產的小包裝米，在網路和實體通路滿地開花，與當年擋下不合理制度大有關係。

人若肯做，就算在臭水溝也能翻身

馬太福音說：「凡有的，還要加給他，叫他有餘。沒有的，連他所有的，也要奪過來。」對翁良材來說，重砲還擊是對體制與命運不公的憤怒抗議，因為他從小就看盡了贏者全拿的遊戲規則。

「我的阿公原本是大地主，一九五四年，因大伯養豬、虱目魚、雞接連失敗，家財散盡而跑路，留下大批債務和最後的三分地。」他的父親從退伍後就幫家裡背債，每年過年是債主上門的旺季，讓翁良材從小最害怕過年。

為了還債，翁良材的父親賣掉唯一的三分地，另外租下一塊租金極便宜的沼澤地。然而，這地卻連牛踩下去都無力爬起，只能用人力拿鋤頭翻地耕耘。「這塊水田好似我們家那些年的光景，陷入泥淖難翻身。小時候我沒吃過白米，吃得都是出芽的米。」

翁良材不懂，為何每年父親將稻穀交給糧商，卻從沒拿錢回家。後來才知道，農民需要錢買秧苗、肥料，都是先跟糧商借，等稻子收割再總結算，但是在利滾利下，一年的收成往往不夠還，如果不幸遇到颱風，收成差，還得承受糧商冷臉嘲諷，只好來年更賣命死拚活做。國中時，他陪父親去交米，親眼看著糧商拿著鉛筆往秤的標尺輕輕一敲，就偷吃了斤兩，那一瞬間或許成了翁良材從童稚跨進入成人社會的分野。「以前常聽人家說『軟土深掘』，那時候才真正了解，人若軟弱，真的是會被『壓到底』。」

一九七〇年代，台灣外銷日本鰻魚興旺，鰻魚苗愛吃的紅蟲生長在最髒最臭的水溝裡，價格極好。翁良材的父母每天從清晨兩、三點出門抓紅蟲，到上午八點才返家，不分晴雨寒暑地浸在溝渠中十年，終於使家中經濟漸漸改善，得以還債、買地。「我在父母親身上看到了人若是肯做、肯拚，在臭水溝裡也能翻身，找到生機。」

首創「日息風乾法」轟動亞洲

「回想起來，三十七歲得神農獎對我來說，好像一場夢。」當時，承辦人員告訴翁良材，神農獎以四十歲為界，分專業農民與青年農民兩組，大部分的青年農民得主都是家有產業的務農第二代，很少像他一樣白手起家。

「如果不是人生曾經跌到谷底，或許也沒有機會得獎。」翁良材二十八歲才開始育苗，退伍後的那些年，他像一個放錯位置的棋子，幫人代工耕作，也嘗試賣過雞排、青菜，卻是做一行敗一行，還得了腎臟病，運氣可說是背到了極點。那時候剛開完刀，病況不見好轉，無法工作又沒錢，翁良材在太太勉強之下，求助於信仰濟公活佛的廟宇，照著濟公師尊所開的漢方帖子抓藥服用。沒想到，病況漸有起色，廟方唯一要求是翁良材必須到廟裡當義工。

翁良材也是在這個時候得到師尊鼓勵，要他珍惜農業天分，不要放棄，嘗試育苗可翻身。翁良材半信半疑地跟父親借了二十萬買下二手設備，用聊天方式跟有經驗的人偷師學步，第一次育苗八千箱就成功。第二次育苗後，連之前不看好而不願賣機械的廠商都主動來找，於是他把賺來的錢全部投入一貫化作業設備。

從育苗的過程中，翁良材體會到秧苗要漂亮，必須從育種開始。好稻種的定義是純度要高，不參雜其他品種（通稱為異品種），稻種若不純，稻米產量低，口感也差一截。翁良材發現，會混入異品種往往是收割時出現漏洞。他想出一個對策，就是在培育的採種田旁，再種植一塊同品種、但非採種用的田地，稻穀成熟時，先讓割稻機收割非種田，清空後再收割採種田，大大提高了稻種純度，克服異品種混雜問題。

此外，他從古早時代的曬穀方式，研發出「日息風乾法」。這套吸引許多亞洲國家稻作協會前來取經的創新技術，成為他得到神農獎的關鍵。

「做什麼事只要用心體會，應該不會有什麼困難。」很多人都以為成功來自於才能，其實真正的關鍵卻是準備。翁良材獲神農獎後，有位評審委員特別來跟他道賀。「他說已經注意我很久了，因為家住附近，上下班抄近路都會經過育苗場。」這位評審每天早上出門看到翁良材夫妻已蹲在田裡，當他加班到晚上十一點回來時，兩人還是在工作，實在很令他佩服。

一九九八，翁良材得獎那一年，剛好是他從事育苗的第十年。有專家研究，十年代表一萬個小時的努力，是敲開成功大門的神奇數字。如果以翁良材一天工作十六個小時來計算，代表的是五萬個小時以上的淬煉。難怪有人說，原本默默無聞的翁良材，在業界竄出的速度好像坐火箭，人家報神農獎至少得準備五年，他卻只花了十五天就把資料備齊，其實是因為他早已默默儲存了旺盛的火藥庫。

整合稻農，田間揭竿起義

日文中有「野望」一詞，對應中文可翻譯為「野心」，更精確的解釋則是「不符合身分的巨大願望」。對翁良材來說，他的終極願望就是台灣的種田人可以自己吸引消費者上門，不用像過去一樣卑躬屈膝地拜託糧商來收米。

翁良材很早就意識到，產業一定要整合才有希望。他在二〇〇六到二〇一一年擔任台灣區稻作協會理事長期間，曾經兩度率隊前往日本，參加台日韓三國稻作研習活動，了解日韓對於WTO開放稻米進口的因應辦法，產生了巨大的刺激。「日韓兩國對於WTO開放唯一的堅持就是所有的進口米必須採用原包裝、原品牌，不得參雜本國米出售，讓消費者很容易區分。台灣卻答應相反的條件！進口米規定要混雜台灣米，魚目混珠，消費者分不清，嚴重打擊台灣的稻作產業！」

第一次訪日回台之後，滿腔不平的翁良材接到一通神祕電話，於是有了直奔農糧署的戲碼。「我一直記得師尊說過一句話『人在侯門好修為』，意思是說一個在上位者只要做一點點好事，就可以幫助很多人，反之亦然，做一點壞事，就會害死大家。」翁良材說，他雖然沒辦法幫協會三十多萬稻農謀福利，但是只要對稻農不利的都會想辦法擋下來。

面對台灣的國際弱勢地位，必須接受WTO的不平等條約，他體會出「靠山山倒、靠壁壁倒，只有靠自己尚好」。在第二次赴日研習時，發現新潟縣的農民家家戶戶都有小包裝米的生產包裝設備，回國後積極採買機器，和其他稻農股東成立稻農公司，這波被稱為「農民田間起義」的風潮，也帶動台灣稻農紛紛推出自家小包裝米。「現在花東地區自產自銷的稻農已經佔三〇%，成績很令農民驕傲。」

為了讓傳統稻米生產走向走向企業化經營，這些年，翁良材將所賺得錢都投入買土地、買設備。同時，也用和五個女兒聯手自創「千金米」品牌，生意愈做愈大，壓力也變大。

「人只有在壓力下，才會更努力去生存。」翁良材打開巨大的稻穀冷藏庫，裡頭保存著七種台灣最好的稻種一百台斤。萬一台灣發生天災，這些種原足以供應台灣所有的育苗場三年綽綽有餘。冷藏庫外貼著「川流不息」春聯，是翁良材的師尊給他的祝福，也點出了台灣這塊蕃薯地上，因為有著許多像翁良材這樣的農民，因而有了川流不息的生命力。

感恩知足，同理心待人

接起一通電話，翁良材的聲音大了起來。「給人家的救濟米，不一定要用最差的啊，可以用當季的新鮮白米，好東西要跟好朋友分享嘛。我會用最低成本價給你，免驚啦。」長期熱心公益的翁良材，忍不住在電話中教育對方起來。在他的觀念裡，不要將低收入戶看成比自己低一級，用這樣的同理心，將來有一天對方爬起來了，也會用同樣的心去對待需要幫助的人。

「我還記得有一年我爸把土地賣掉，拿錢去還給一位代書，結果這位代書的姨太太偷偷追出來，塞了兩千塊給我媽，說是自己的私房錢不用還，家裡才有錢去買牛、租地。」吃人四兩、還人一斤，翁良材長大後苦尋恩人，卻發現代書一家早已破產、不知去向。人生無常，從此他就即時把握機會，參與公益，也當作是把這位女士的善心再度傳播出去。

「種田要技術也要經驗，第一要靠天氣，第二要靠運氣，想賺錢沒那麼簡單。」總是意見很多的翁良材，提到了鼓勵青年回鄉的「漂鳥計畫」，又忍不住刀子口、豆腐心地碎碎念。「光受訓一兩個月是不行的，會害死年輕人……像稻子要怎樣捱過寒流，一般人都不會講。寒流來時，整夜不能睡的，得先將地下水打起來，拿去灌溉，田水灌滿了馬上洩掉……因為地下水是溫的，澆灌下去帶走霜水，稻子才不會凍著。第二天清早要用施肥機打空氣出來，把秧苗上的露水噴乾，不然太陽出來一曬，秧苗又凍傷。想窩在被子裡睡大頭覺是沒辦法幹下去的……。」

一轉身，他又興致勃勃地說起，「稻米的後端利益是最大的。農民將一百斤稻穀賣給生意人可以賺一千元，一百斤白米可賣一千三百元，做成便當可賣一千七百元，增加了七〇％收入。現在，國人一年吃米只有五十公斤，比三十年前減少了五〇％。政府應該像日本一樣推動稻米文化，從幼稚園開始教育……。」

這就是翁良材，一個懷著野望之心的稻農。相信只要還有一口氣在，他將永遠做一個火車頭，為台灣稻農衝出出頭天。（撰文 駱亭伶）

翁良材說，人不怕出身低，番薯不怕落土爛；當稻子出穗時，就可以揚眉吐氣。

擔任兩屆台灣稻作協會理事長期間，翁良材曾兩度赴日交流，與日本稻作協會建立良好情誼。2011 年福岡稻作協會特地來台參訪取經。

無垢舞蹈劇場藝術總監

林麗珍

無垢的舞劇與西方的舞蹈語彙截然不同，舞者總謙卑地貼近大地，是林麗珍以哲思淬煉後所獨創。深沈空緩的美學形式，不僅開創台灣儀式劇場之先河，也被歐洲ARTE藝術電視台譽為「當代八大編舞家」之一。

夠拙，才能認分地做好工作

三十年前的林麗珍，已有台灣舞蹈界編舞奇才的美譽，並才情洋溢地跨界劇場和電影，參與蘭陵劇坊「九歌」、電影「搭錯車」等作品。三十年後的林麗珍「十年磨一劍」，僅生養了「醮」、「花神祭」及「觀」三個作品，被ARTE藝術電視台譽為世界當代八大編舞家之一，且為亞洲唯一入選者。很多人都好奇原因何在？

導演虞勘平因請林麗珍為電影編舞，進而與其相交三十年，他這樣看待林麗珍：「她從現代舞的肢體表現中蛻變，深刻地從東方哲學、民族人類學及宗教角度內省，注入肢體空間的表現，轉化為獨創的東方身體語彙，其開創性僅見於東方傳統平劇和能劇，這是當今世上任何編舞家都未能達到的層次。」

虞勘平進一步剖析，無垢舞蹈劇場的演出帶有強烈的儀式性，舞者總是俯身、蹲低、彎腰、緩行，謙卑地貼近大地，以深沈空緩的姿態美學展現對自然、宇宙、神明的虔敬。這來自於編舞家對人的重新定位——人的價值終究不在於展現自己的能力，而是來自人對應環境的態度。「觀眾看不到跳躍、飛舞等與地心引力對抗的肢體動作，與西方的舞蹈語彙截然不同，完全是林麗珍以哲思淬煉並大膽實驗所獨創的。」

藝術因缺憾而完美

藝術絕非完美，是以缺憾創造美感，年輕時跳著西方肢體語彙的林麗珍，總覺得身體某部分卡卡的，技巧不是問題，卻走不進心裡去。這反而促使她沈潛八年，重新回頭依循身體內在

的脈絡，實實在在地從原住民文化、家庭、生活、民俗、宗教的土壤中汲取養分，重新經營自己心靈的那一畝田。

從小，林麗珍就感覺舞蹈是她心靈的家。根據林麗珍母親的說法，她在自己都還沒有記憶時就在跳舞了，小小的身軀自在舞動，惹得周遭的阿姨叔叔們老愛帶著她出門，勝過帶自己的小孩。她也愛畫畫，不是畫人或房子，是用很多線條來表達情緒，而跳舞對她來說，更像是用自己的身體當畫筆，一點一滴地將空間描繪出來。

「只要一跳舞，我就會安靜下來，後來才知道那是靈魂被觸摸到的感覺。」舞蹈打開了林麗珍的身體，讓她回到心靈的家，順著情感的流水，悠遊談心；這樣的女孩注定得順著心性去摸索。林麗珍家庭毫無藝術背景，十二歲那年父親因腦溢血驟然離去，不識字的母親一肩扛起了家計。兄弟姊妹中，林麗珍算是怪孩子，喜歡音樂、跳舞、繪畫不務實的事物，還愛整理東西。

「家裡很擁擠，但不管是再小的地方，我也要整理出自己的空間。」當其他孩子把東西塞進抽屜就出去玩，林麗珍卻將所有東西倒出來，擦拭、分類、擺放，從白天一直到天黑。如果不是自己調整過的空間，林麗珍就定不下來，覺得所有的線條都在打擾她。

「我不太管外面的世界，但有興趣的事物，會花很大的精神走進去。」塑造好環境，帶給她很大的喜悅，才有辦法交出去。一如日後的舞作，看似處於某種狀態，卻是林麗珍依循著自己的脈絡，一步步架構的，且不到徹底完整絕不端出去。

專注獨舞的怪女孩

國中時的林麗珍開始去一些舞蹈場所，最後旁人總是退開，留下她獨舞，沒有人知道這女孩子究竟怎麼了。其實，她只是完全專注於當下，未曾察覺時間的流逝。原本，她按照母親意願就讀商職，卻在中山堂看了「保羅泰勒舞團」的演出，第一次感受到舞蹈的神聖。歷經家庭革命，林麗珍轉到當時五年制的文化學院舞蹈科，如魚兒般游向了大海。

林麗珍很早就在同儕間扮演小老師的角色。終生支持林麗珍創作的無垢舞蹈劇場團長陳念舟，也是林麗珍學生口中的師丈，當時他在文化擔任籃球教練，與林麗珍熟識起來就是因為這位小老師，暑假在百花池畔苦等同學練舞，卻被放了鴿子。

林麗珍對舞蹈的認真嚴格是出了名的。陳念舟一度跟著林麗珍學舞，「跳一上午出來，連到餐廳吃飯都走不動。當時還跟旁人說，誰娶到她可慘了。」畢業舞展，林麗珍發表舞作分量佔了系上師生的三分之二，充分展現過人的才情和毅力。

畢業後，林麗珍任教於長安女中，五年內編了五齣百人到千人的大型舞劇，連拿五屆台灣區舞蹈比賽的冠軍。陳念舟前往觀賞為紀念一二三自由日的千人舞蹈，目睹上場前的暖身操演練，由學生擔任大、中、小隊長分層負責，連在一旁的憲兵單位看了都自嘆不如。「如果她沒有從事這工作，真是可惜了。」

林麗珍持續教學與舞蹈創作，每齣新作都造成轟動。一九八二年，發表「我是誰」後，她選擇了休養生息。除了回歸家庭，也是回應內心長久的疑問——究竟自己是誰，要往哪裡去？

回歸到身體與環境的層面

長期觀察下來，林麗珍發現西方肢體訓練固然是很棒的身體語言資產，卻是在不同的文化體系中所形成的，光是身體骨架的演化東西方就是不一樣。她認為過去學習的舞蹈，好像一株切插的花，只截來一段，不知道根源是什麼，沒辦法觸動自己。

林麗珍意識到即使穿著傳統服裝跳舞，肢體還是西方語言，身體早已被侵略太久，「中國也是一樣，肢體完全是蘇俄芭蕾。」因此，林麗珍慢慢回歸到自己的心靈、身體與環境，不再逞強地迎合主流價值，「個子矮就矮，人不能否定自己，缺陷會變成特色，是最好的下手處。」她發現周邊的土地有豐富的資源與情感記憶，自問為何不再深入了解？不去運用？

這段時間除了參與劇場與電影編舞，也原住民部落田野調查中得到啟發。她看到原住民的音樂與舞蹈，都是從自己的身體出發，音樂是用吟唱的，不是找外面的流行歌或是外國歌曲來唱，每個人的身體都有一個自己獨有的聲音，是別人模仿不來的。她必須把握身體的概念從中發展，創造自己的肢體語彙。

林麗珍讓身體沈澱歸零，從改變身體的訓練方式著手。「身體是個劇場，能夠處理好身體，就能處理好外在的空間，內在豐富了，外在自然有餘。」她發展出一套「靜、定、鬆、沉、緩、勁」的訓練方法，透過呼吸、靜坐、靜走幫助脊椎回到對的位置，不再壓迫神經與拉扯肌肉，身體才能真的放鬆。「脊柱是人體的中心軸，就像蓋房子的基本架構，位置正了，推出去的動作自然會好看。」她堅持必須先調整完脊椎，才發展四肢。

林麗珍也在練舞中發現了脊椎與內在情感的連結。人的七情六欲、感官的喜怒哀樂，透過身體的中軸線跟內臟有一個裡外的對應。現代人將情緒埋得很深，跳舞時因呼吸碰觸，印記在椎柱的情緒記憶會被帶出來。所以，這套肢體的訓練方法，是由內而外、身心靈一體的。「舞蹈是我一生修行的老師，讓焦慮的身體找到安然的秩序，在浮盪不定的歲月中，藉以沈穩。」

這時候舞蹈對林麗珍來說，已經不是要跳多少的動作，而是一種放對位置、放對時間的美學形式。林麗珍以煮開水來比喻，就像水歸水、壺歸壺、火歸火，是煮不出開水的，必須有一個人要將這三樣元素整合在一起。「剩下來就是時間，當一切都對的時候，能量自然會爆發。」

坦然篤定，走一條幾乎看不見路的路

終於時候到了，一九九五年，無垢舞蹈劇場舞作「醮」在國家戲劇院首演。幽暗舞台上，飾演新娘的舞者全身抹白，僅以一塊繫於臀部的紅色桌圍（註）裸身出場，舉座譁然；深沈空緩的美學形式，開創台灣儀式劇場之先河。對此，林麗珍說：「人，生來就不穿衣服，母親坦露胸部哺乳，亦無須遮掩，女性的胸部表徵著生命最大的能量，世人習於物化，我卻要讓身體回

歸於最原始自然的狀態。」

林麗珍的三齣舞劇，都是從生活而來的。「醮」以林麗珍從小最熟悉的基隆中元祭為背景，由台灣先民開墾時的漳泉械鬥、一位新娘子的魂魄，以及信仰媽祖的三角關係串連起來，似乎也呼應一直以來台灣族群的爭鬥與融合。

中元祭是出生於基隆的林麗珍從小年年都要經歷的，在創作過程中，她體會人的內心同時存在著柔軟與暴力，只是比例的不同。中元節象徵著柔軟寬容，「只有中元節的鬼門開才會給孤魂野鬼一個空間，將靈魂釋放出來，否則就一直被關在幽暗的空間。所以我都跟孩子們說一定要好好跳，不然新娘子是回不去的。」

林麗珍覺得，流浪的魂魄其實也映照著自己；只有放下恐懼，把心打開，才能夠走出去，否則就像孤魂野鬼一樣，永遠被禁錮著。當她了解這一點時心就放開了，「放大到歷史與環境也是一樣，族群從來不是問題，會有問題的是心，唯一能做就是好好的呵護自己的心，從中學習，唯有協合，才是真正的能量。如果有一方全贏，其實是輸。」

十多年來，林麗珍和無垢的舞者選擇了一條幾乎看不見路的路，將生活需求降到最低，不隨著大潮流波動。儘管孤獨而辛苦，但內心卻坦然篤定。一九九七年，亞維儂藝術節總監費弗達西耶在法國馬恩河谷國際雙年舞蹈節看到「醮」的演出，驚為天人，希望邀請無垢參加隔年的亞維儂藝術節。當時無垢尚無國外演出經驗，很多人試圖影響他的決定，他獨排眾議：「我不要穿著東方的衣服跳西方舞的舞步，這是真正的原創！對於男女情愛的詮釋已經是世界大師級！」

從此，無垢的路子打開了，成為法國亞維儂藝術節五十年來第一個受邀的台灣表演團體。儘管舞團經營還困難，但海外的邀約卻是一場又一場。無垢又推出「花神祭」以及「觀」，兩齣均為林麗珍編舞臻至成熟之作。尤其，二〇〇九年的「觀」是她用九年的時間學習探討，借黑鳶的眼睛，看見一條河流的死亡；用母親哺乳的心境，透視土地、關照人心，感動無數觀眾。二〇一一年，「觀」首度海外巡演便受邀至法國夏佑宮國家劇院（Théâtre National de Chailot，巴黎四大國家劇院之一），巴黎人看得沉醉，激動地和舞者一同流淚。劇院表示，幕落時久久未停的掌聲前所未見。

「劇場有一種拙氣，因為拙，不是一箭穿心，是一層一層慢慢地撫摸你，把那個心摸出來，所以做劇場的人就是一群拙夫，做手工的人。」

從不設定目標的林麗珍，現在唯一想做的事就是呵護從根部長出芽來的肢體語彙，透過脊椎與內部情感的訓練傳承下來。文化要靠時間的累積，國外的身體語彙或崑曲、南管都是數百年建構起來的，很多優質人才的投入才能成就，這是屬於時間的美感，不是光靠一個人，或是一點聰明，就可以做到。「一定要夠拙，才能認命地在自己的工作崗位上，不被社會的主流價值給消費與摧毀。」雖然，這一份願力能走多遠並不知道，但林麗珍將繼續踩出當下每一步，用獨特的東方舞蹈語彙傳承文化靈魂的密碼。（撰文 駱亭伶）

註：祭祀或喜慶時圍在八仙桌正前端的綢質繡匾，也出現在傳統戲曲的表演舞台上。

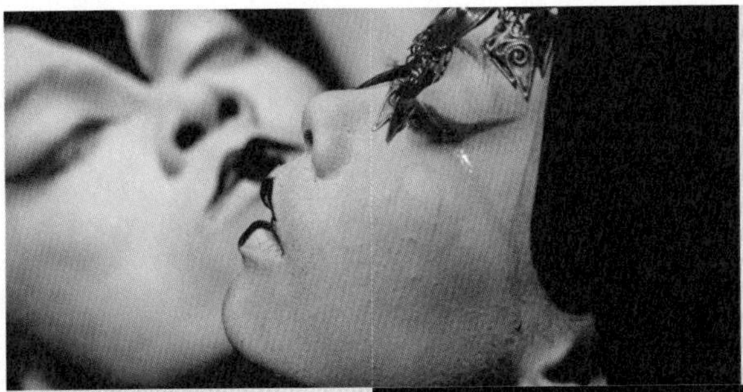

「觀」劇照。（陳點墨 攝）

2011 年於法國亞眠之家，林麗珍事必躬親幫表演者許景淳做上台前的最後確認。（金成財 攝）

1998 年無垢受邀到法國亞維儂藝術演出，林麗珍於演出場地西勒斯登修道院和藝術節總監 Bernard Faivre d'Arcier（右）合影。

「花神祭」劇照。（陳點墨 攝）

新型態自由畫會

新台灣壁畫隊

二〇一〇年新台灣壁畫隊成立於橋仔頭糖廠藝術村白屋，由前高雄美術館館長李俊賢及畫家李俊陽發起。在社造界闖盪多年的蔣耀賢、留學荷蘭的都市管理碩士商毓芳更是重要靈魂人物。至今，共有一百二十五位視覺藝術創作者參與，堪稱台灣浮出地表以來最生猛多元，也最開放自由的畫會組合。

讓藝術
在常民巷弄遍地開花

為商毓芳，右為蔣耀賢。

在白屋看似閒適優雅的藝術氛圍背後，是許多人持續認真深耕藝術與文化的堅持。一九九四年，高雄橋頭鄉地方愛好文史人士為了保存全台第一座現代工業遺址橋仔頭糖廠，向亟欲開發的公部門群起抗爭。當時，甫從東海大學中文系畢業、考上成功大學藝術研究所的蔣耀賢，基於對田野調查及台灣文史感興趣，也加入他們的行列，並在兩年後促成了橋仔頭文史協會的成立。

「以藝術活化歷史空間」是橋仔頭文史協會成立後積極想要進行的工作，於是在二〇〇一年向台糖承租糖廠的舊宿舍，邀請藝術家進駐，打造橋仔頭糖廠藝術村，持續從文化角度切入，進行總體社區營造。經過十幾年的經營，與各領域藝文人士連結成穩固的文化網絡。

二〇〇五年，已在社區營造界闖盪多年，被譽為南台灣點子最多、也最叛逆的「文化界過動兒」蔣耀賢，與自荷蘭歸國的都市管理碩士商毓芳合作，齊手打造奇美集團的台南樹谷園區公共藝術景觀。商毓芳長期關注原生建築與環境課題，重視土地與環境的觀念與蔣耀賢不謀而合，她的專業更為文史協會在既有的藝術、文化擅場上補足了工程區塊。

然而，橋仔頭文史協會因不時提出諫言，與台糖之間的緊張情勢升高，終在二〇〇八年告別了一手整頓起來的糖廠宿舍區。所幸不久後，橋仔頭文史協會相關人士共同出資承租下十餘年前焚毀的日治時期招待所，自籌經費修復。因在月光下像一堆白砂糖而取名為「白屋」，複合式經營藝廊、表演空間和餐飲，設法自給自足。

二〇〇九年，商毓芳的永續空間設計公司也進駐白屋。白屋的經營團隊於此跨足多個專業領域：社區營造、空間規劃與景觀，以及橋仔頭糖廠藝術村編織出來的的藝術網絡。

讓廢置與破敗重現生機

二〇一〇年，前高雄美術館館長、高苑科技大學藝文中心主任李俊賢及畫家李俊陽源於對現代藝術的反省，認為創作應該回歸純粹、天然，開始醞釀組隊畫壁畫的想法。

這個看似夢幻的想法到了白屋更加具體成形。白屋經營藝術家駐村已有十一年歷史，每年均有不同主題，當年的駐村計畫名為「蓋白屋」，與壁畫隊的想法兩相結合之下，「我們決定要『蓋』（建造）一間白屋，而不只是『蓋』（論述）一間白屋。」蔣耀賢說。

於是，白屋開始邀集、甄選同樣理念的藝術家組成「新台灣壁畫隊」。廣場上，田野青年工班開始以六十四塊四乘八尺的木板搭建畫家們的創作舞台——「蓋白屋」，屋子的牆壁及天花板就是畫板。

十一月二十日，六十位藝術家輪番上場展開壁畫創作。為期兩週的創作期間，藝術家們在白屋這個廣場及一千五百坪的日式優美庭園裡，吃住無虞，有歌亦有酒，只需要專心創作。來自不同地土的畫家在原本素白的「蓋白屋」上各據一方，揮灑對藝術的熱情與想望，漸次為它穿上了斑爛的彩衣。

「藝術家在白屋，常感受到很舒服的身心療癒功能，可以為所欲為地創作。」白屋執行長、永續空間設計董事長商毓芳說。

白屋，從廢置與破敗中，透過修復與找出歷史價值而重現生機，並創造出人文與藝術結合的新面貌。自稱是「被文化理想綁架的人」的蔣耀賢說，很多人關心他們在白屋的投資有去無回，「我們總以為，花在保存與創造這塊土地上美好事物的每一分錢，都是值得的。」

儘管資金奧援總不及、一路且戰且走，他如此形容橋仔頭文史協會十七年來的歷程，「這個天真、魯莽卻又帶著無比熱情的小孩，一路跌跌撞撞長成青少年；儘管開啟這場在地文化陣地戰的老樹倒了、重新種了、又再次倒了，但有心人種下的這株文化大樹，卻已濃濃綠蔭張開成一大片！」

「蓋白屋」正是文化大樹結的果子之一。如同以往許多行動，一開始沒有任何來自官方的補助，但蔣耀賢認為這樣也就少了政策干擾，「這不代表我們排拒官方資源和反對商業，而是我們更在意藝術創作的本質和行動的初衷。」

移地創作，遶境全台

如同趕廟會般齊聚一堂的「新台灣壁畫隊」，在畫完了橋頭白屋後，決定要將畫筆伸入社區，穿梭在巷弄間作畫，讓藝術進入社會實境，在常民的街頭、牆角開花。

二〇一一年三月開始，畫家分別下鄉到橋頭鄉白樹社區及屏東佳冬，整理了髒亂已久的空間，利用當地建材重建破敗之處，種植原生種樹木，並了解社區的故事，從中找出在地文化元素做為創作素材。「畫家不是想做什麼就做什麼，而是看社區需要什麼。」商毓芳說。

於是，在曾經甘蔗田連綿不絕的白樹里，李俊賢在灰撲撲的水泥牆上斑駁寫下「蔗禪」兩字，比鄰再畫一個戴著斗笠、頭巾的農村時代美女。在客家聚落佳冬鄉，畫家們則將客家詩人雋永的詩句入畫，在敬字亭旁、在護窗板上。

藝術進入了社區，社區的文化養分也滋長了藝術家。李俊賢在水泥牆上畫香蕉時，村民輾轉送來一串香蕉，說，「你畫的那種不會甜！」也有居民本來不在乎家門外髒亂的角落，藝術家開始作畫後，隔天自動清理得乾乾淨淨。在佳冬社區，地方社團原本一直期待政府出面保存「張阿丁宅」，在新台壁的熱情感召下，佳冬文史協會與醫師曾貴海發起募款餐會，終由地方齊心購置保留，「此舉無疑是台灣聚落保存的新頁。」蔣耀賢說。

不只下鄉，二〇一一年七月新台灣壁畫隊開始移地創作，「蓋白屋」出巡進行全台藝術遶境。除了既有班底，也邀請地主隊一起「尬畫」。商毓芳說，每個區域都有自己的「境」，每個境各有不同的文化特質，「移地創作就像廟與廟在交陪，不同區域的藝術家一起創作、交流，也交陪、也較勁，互相體驗對方的文化，最後生長出一個藝術文本。」

於是「蓋白屋」被拆了，畫作片片交疊、木柱根根標好位置及號碼，在凌晨四點悄悄抵達台北當代藝術館；在國際戲偶節的熱鬧聲中到了布袋戲的原鄉雲林虎尾；最後一站則是坐擁壯麗山色及遼闊海景的台東都蘭舊橋。就這樣如藝術行腳般走過了九百多公里的旅程。

易各地而處，讓藝術家的敏銳感官接收到環境裡不同的訊息，紛紛表現在畫筆下。譬如當代館緊鄰大馬路，車流量大而吵雜，又靠近捷運站出口，人潮川流不息，有感於人像螞蟻一樣移動、尋找、覓食，張新丕畫下了「蟻窩」。譬如在虎尾布袋戲館前，畫家的筆下也順勢出現了布袋戲人物「苦海女神龍」。

觀眾也開始涉入創作過程。如可樂王畫「少女台灣——觀音三十四變」，將觀音變成了美少女戰士，便引來小女孩熱心建議他要加上花仙子，還自己畫了一張示範給他看，讓可樂王不禁煩惱要加在哪裡？

也有畫家呼應了李俊賢及李俊陽，回歸人性本質找回了手工感。畫壇老將、二〇〇九年台新獎評審團特別獎得主吳天章坦言，自二〇〇〇年左右開始做數位創作，已經十幾年未拿起畫筆。在跟大夥兒尬畫的過程中，他彷彿把累積十幾年的熱情一股腦釋放，拚搏的勁道讓人直讚他只有四十歲。「因為不能輸，」他說。

熱情持續發酵

三場巡迴下來，新台灣壁畫隊總共累積了一二五位藝術家、四二一幅創作。此時的「蓋白

屋」，已超越原先的木架畫板，成為涵括四方異地藝術家創作生命的「母體」。蔣耀賢說：「這樣的藝術是從土地長出來的，是最純粹、最天然的台灣味。」

新台灣壁畫隊走出殿堂，卻打造另一個實體的「藝術殿堂」，商毓芳表示，「蓋白屋」的概念就像蓋一座廟，廟有人捐柱子、有人捐牆壁，蓋白屋則由新台灣壁畫隊每位藝術家認養一片畫板，捐獻自己對藝術的熱情。

藝術仍在持續發酵。二〇一二年三月開始，新台灣壁畫隊在高雄駁二藝術特區、台北華山文創園區、台南白鷺灣 art space、南投紙教堂將展開聯展博覽會，以義賣所得支持接下來的國際移地創作計畫與下鄉計畫。此外，遶境的腳步也未停下，而且即將走出台灣。五月，「蓋白屋」將飄洋過海坐船到位於日本東北的石卷，日本三一一大地震的災區，預計台灣會有二十到二十五位藝術家赴日，除了找日本藝術家一起創作，也把作品留給當地義拍，所得捐給地方。

「這計畫其實有點做過頭了！」商毓芳笑稱一開始並沒有預期要做到這樣，「但就像李俊陽老師譬喻的『台灣是一條魚』，接下來，這條台灣魚會從曾接受日本捐贈紙教堂的『台灣之心』（埔里）游到日本三一一災區，這是很有意義的文化交流。」

從白屋到「蓋白屋」，基於對台灣美學的執念，藝術家們紛紛走出自己的畫室，真實踩在土地上，在常民生活中栽培出台灣藝術原生種，茁長，開花！（撰文 方雅惠）

林移地創作現場。

來自各方的畫家在原本素白的「蓋白屋」上各據一方，揮灑對藝術的熱情與想望。

2011 年 3 月，畫家下鄉到屏東佳冬社區，利用在地文化元素為創作素材，讓藝術進入常民巷弄。

蓋白屋開幕的前一刻。

作品之一「麥灶」，李俊賢。

台東移地計畫的主題「守衛傳統」。圖中人物為畫家李俊陽。

新媒體藝術團隊

豪華朗機工

成立於二〇一〇年一月一日，由張耿豪、張耿華、陳志建、林昆穎四位年輕藝術家組成的純藝術創作團體。以「混種跨界」為主題，從事跨領域創作。從二〇一一年四月開始與台新藝術基金會合作，走遍全台三百多個小學，邀請三萬六千個小朋友一起飛翔。

天氣好不好我們都要飛

右張耿豪，後排左陳志建，前排右張耿華，前排左林昆穎。

Nikon

不知道有多少人小時候曾經夢想過「飛行」這件事。「要怎麼樣才能夠飛起來？是一個人偷偷飛走，不讓人發現，還是找隔壁家的阿明一起？」或許這些沈潛在孩子心底中的對白，日後都將轉換成為一股走向世界的熱情與願力。

二〇一一年春天，新生代藝術團體「豪華朗機工」(註)的四個年輕藝術家，開始執行一件跟飛行有關的「天氣團」計畫；以「天氣好不好我們都要飛」為主題，到全台三百多個小學，邀請三萬六千個小朋友一起飛翔。

他們從捏出一隻鳥的手工模型開始，以電腦製成3D飛翔影像，從每個角度切出一張圖像，成為三萬六千張單色線條的小鳥畫紙。透過「天氣團」的環台，每張圖都由一個小朋友負責創作塗鴉，四個大男生則化身為美術老師，最後由他們整合收集，製作成一部飛行動畫與繪本，成為展覽。也或許將化作一份禮物與祝福，飛向其他國家。

從無敵鐵金剛到鳳凰號

這項充滿活力的生猛計畫，固然起因於台新藝術基金會邀請豪華朗機工發想一個「聚集一群人來做一件作品」的展覽，不過這中間有個好玩的故事，是關於年輕的藝術創作者如何從單打獨鬥的無敵鐵金剛，變成了合體的鳳凰號，展開跨領域創作。

兩年前，張耿豪、張耿華，以及陳志建、林昆穎，這四個年約三十歲的藝術工作者，還分

屬兩個創作團體。張耿豪與雙胞胎弟弟張耿華的豪華兄弟組合，以實體雕塑為主，陳志建、林昆穎的朗機工工作室，則活躍於數理科技類創作。他們共同的背景是，從學生時代到畢業後都累積了八至十年的創作實力，成員間有些是台北藝術大學科技藝術研究所的同學。

「有些創作者遇到了瓶頸，可能是選擇休息或再進修，但是我們意識到當創作枯竭或是想玩的作品大到沒辦法一個人處理時，透過跨領域的合作，可以活化我們的創作。」

四個人的背景都不一樣，大學時代分別是念音樂、雕塑、景觀設計等。研究所時期，彼此建立了一些共同的語言，都會編寫程式、拍影像，但專精的地方又不同。張耿豪說，合作跟創作領域有關，一個作品不再單純只是雕塑，複合了多項元素，有程式編寫、電子控制、雕塑、音樂等綜合在一起。「一個人很容易在某個環節上卡住，能力上不可能都專精」，四人各司其職，可以在細節上注意得更好，變得省力。而不同專業與不同元素的組合，也激發更多創意。

討論會也可以讓能量流動。「過去自己經常陷在問題中，鑽不出來，當有其他人在時，一個問題丟出去，一個答案丟回來，可能就跨過去了。或是從十個答案中選擇一個認為可行的，去試試看，過程滿有趣的。」林昆穎說，經常有人說「創作是很個人的」，其實當這句話被說出口時，就已經落入成見了。他們更有興趣的是，取經於商業團隊模式，用於純藝術創作。然而，他們所希望的合作模式並不只是大家在一起做事方便，取其專長，成為工具而已。

「我們的合作，比較像是重新投胎做人，四個人的技術就像一個人有頭、有手、有腳，當重新運作，其實是需要磨合與學習的，才能合而為一，像個重生的小孩。」在合作之前，豪華朗機工先聚在一起開調頻會議，大家把自我放下來，包括所堅持的、個人的缺點都講清楚，血淋淋地坦露出來。這些事情都即將在合作過程中被發現，不如先講，也會清楚對自己了解究竟有多少。

「其實團隊合作到頭來還是一種『去自我中心』的練習，只要相信所有事情都可以轉換成能量，那麼，去自我中心就變得非常簡單。」就像是先把空間讓出來，才能創造新的東西，如果杯子的水都是滿的，就會是停滯狀態。

二〇一〇年一月正式成軍，豪華朗機工展開了團隊創作。一開始的「菌擊」和「灰塵」，磨合培養團隊的哲學和概念，也累積複合媒材技術與跨領域語彙，已開始跳脫過去自己憑直覺就做出來，或是拚命做、很少思考的個人模式。此外，他們也跨足舞台裝置，與舞團、劇團合作。

經過轉換之後，豪華朗機工覺得最明顯的是出來的作品變成大塊的東西，好像重新出生的小孩其實是大人，比過去更成熟。成員們都感覺，經過團隊內部進行的轉換與溝通，自己在創作上的言說與對外溝通上都變強了。「未來，不管是個人創作或以團隊的身分進行合作，都是完全不一樣的眼界和技巧。」

互助分享的啄木鳥照顧計畫

彷彿呼應著團隊分享互助的狀態，豪華朗機工另外開展了一條新的路線「照顧計畫」（Project Woodpecker），以交換、合作、互惠的概念，做為創作主題。二〇一〇年的照護計畫是到法國的克雷雅尼克（Treignac）小鎮，修復照顧一個破舊的藝術村，就像啄木鳥吃蟲子時得到了食物，也同時醫治了樹木；團員間緊密相處一個月，這段經歷豐富了他們的創作經驗和生活體驗。回國後募集回收了三百個舊燈具，跟科技公司合作，做成探討環保、能源的「日光域」作品。除在北美館展出，也應邀到香港展覽。

「我感覺到這兩年衝力十足，創作能量很多，雖然累，但帶來的想法和技術刺激都不一樣，那個層次有點無法言說，我知道我們有些失誤也有些成就，一開始覺得像是在賭一些事情，後來是真的開始做了一些事情。」林昆穎興奮地說。

好像生命的能量從此被打開，另一個照顧計畫「天氣團」也於二〇一一年四月展開，目前已跑遍嘉南、花東、蘭嶼，蒐集了二萬四千多張小朋友的畫作，預計在二〇一二年六月完成。這的確是一個很生猛的環台計畫，因為連續三個學期，團員們必須在週一到週五輪流排班到全台小學進行教學計畫，一天可能得跑兩、三個學校，每個人手上的創作又不能停，出差旅行時，回到旅社還得連夜趕工。

「最有價值的部分是這個計畫會自己飛，像是有生命的，原來覺得執行困難的部分，像是繪本，後來一度捨棄了。但是計畫愈滾愈大，繪本自己又回來了。」在課堂上，他們會告訴小朋友：如果你是鳥，你想飛到哪裡，引導大家去討論團結力量大這件事。每次上完課會及時把畫的結果用電腦播放出來，讓小朋友看到自己所畫的鳥，正在飛往他想去的地方，而自己也在這個想法裡面得到了自信，覺得可以繼續做下去，帶來很大的心靈滿足。

張耿豪說，天氣團對他來說是很好的學習。一開始他覺得好怪，不知道要怎麼跟小朋友相處，少則二、三十個，多的時候一、兩百個。有一次，他的一個表情把小朋友嚇哭了，經隊友提醒才知道不對。「回想起來，我是在團隊裡先學會怎麼跟大人溝通，天氣團又教我怎麼樣跟小孩講話。」有時不經意之間也回望到小時候的自己。

對他來說，這個創作已經不再是要做出一個好看的東西，而是一種學習認識世界的過程，自己也在其中慢慢長大。

共同感受與共同記憶

張耿華對天氣團最有感覺的部分，在於創造與參與了一份共同的感受與共同記憶。「動畫只是一種媒介，重要的是連結記憶的過程。想像一下小朋友長大後，一個在嘉義、一個在淡水，發現曾經一起參與創作，想起來就會很感動。」

陳志建覺得這是件很正向的事。在工作上常遇到困難，但在執行這計畫卻覺得特別順利。一開始出發點是完成作品，後來已不是重點，而是要在這個環境中有所交流。「不管是我給出什麼，或是別人給我，過程真的收穫滿多的。」像有的小朋友本來下筆沒有信心，鼓勵他哪裡畫得不錯，繞一圈回來發現他又多畫了很多東西，會讓自己格外開心。

現在，豪華朗機工在學校被小朋友索取簽名已經是很平常的事，但是這些都遠不及小朋友給這四個年輕藝術家所帶來的回饋。張耿豪說，有次下課後，有個小男生跑過來對他說：「我可抱你一下嗎？」給了彼此一個哥兒們式的擁抱，一回頭又對著他說：「我會記得你。」對他來說，這一天是永遠難忘的。

天氣團也讓他們離開電腦、走出自己的房間，了解台灣現況。「特別是在偏鄉，有不少小朋友說希望能夠飛到泰國、越南、寮國，想找尋媽媽一起做些什麼事。」林昆穎說：「雖然計畫是我們想出來的，但是這個作品不屬於豪華朗機工，我們只是代表整個循環的起點，現在一路上都已經非常感動了，相信最後完成時的感動一定會超越現在更多。」

隨著愈來愈受到矚目，面對各界邀約不斷，豪華朗機工成員都感覺到時間與金錢都不夠用，瀕臨爆肝邊緣。萬事起頭難，未來勢必要像企業一樣，繼續組織的活化，將規則模式建立起來。

「我們想做的是把藝術的概念擴大到連行為參與模式都訂製，就像油畫與雕塑等傳統的工藝的概念，強調單一與獨特，不可模仿也不可摧毀。」好比天氣團的模式，只會用在這一次，豪華朗機工會繼續為每一次的行為藝術或是作品創造更新的模式，成為未來的風格。顯然，這艘已經順利合體的鳳凰號，意識到在一個超越英雄主宰的時代，自己正掌握了一種華麗的邏輯，並閃耀地往目標全速起航。（撰文 駱亭伶）

註：團名豪華朗機工（Luxury Logico）中的朗機工為「邏輯」的英文音譯。

豪華朗機工最感興趣的是，如何將商業團隊模式成功應用於純藝術創作。

個不同領域的年輕藝術家合體，展開跨領域創作。(左為張耿華，右為陳志建)

2011 年，豪華朗機工的天氣團計畫巡迴到蘭嶼國小，圖中為小朋友在觀看成果。

募集 300 個老燈具創作的「日光域」作品。

資深媒體人

鄭家鐘

念的是經濟，卻進入報社從記者一路做到社長，從編輯、印刷、發行廣告管到電子報。轉戰金融業，仍然維持身兼數職的「好習慣」。鄭家鐘，看似全能，其實每一樣都是實學苦幹、從頭做起，再怎麼困難，也要讓自己「有能為力」，把一輩子當成兩輩子來過。

一次做兩份工作比較划算

鄭家鐘回想起來，身兼數職的人生是從讀研究所時就開始了。

一九七八年，當時剛進入台大經濟所的他原本只是想利用晚上時間兼差，於是應徵尚在籌備階段的工商時報晚班的編譯工作，不料後來編譯招收額滿，社方也沒事先通知，等他報到時便直接把他派去採訪組。

當記者是白天上班，時間顯然和研究所衝突。但鄭家鐘心想先試試看，且戰且走。工商時報正式運轉後，他天天有新聞見報，研究所課照上，竟也做得游刃有餘。註冊時，教官調查學生是否兼差，鄭家鐘才覺得為難；如勾「是」，研究所要從兩年變三年，如果勾「否」，不就是公然造假？他請教指導教授麥朝成的意見，老師問他，「如果一輩子可以過成兩輩子，一定要一輩子、一輩子過嗎？如果兩年之內，可以既工作又從研究所畢業，為何不試試？」

一番話啟發了鄭家鐘，他沒交出調查的單子，繼續身兼二職。「那時的衝動是應該去闖一闖。為什麼每個人的時間都要過得一樣長？如果沒有很認真盡力去試試看，怎麼知道只能這樣？」

鄭家鐘在中時集團一待三十年，幾乎都是做兩份以上工作，歷任主任、總編輯、社長等職，最後坐上中視總經理兼中天電視董事長的位置。即便他後來轉入金融業，仍維持以前的「良好習慣」，同時身兼台新文化藝術基金會董事長、台新慈善基金會執行董事及台新金控資深顧問三職。

老闆給機會做一定要試

鄭家鐘雖是瞎打誤撞成為記者，卻展現了十足的衝勁及熱情。一九七〇到八〇年代，他除了在採訪組歷練，也創設了經濟研究室及專欄組，短短十年，三級跳做到總編輯，當時才三十六歲，他笑言，「那時很徬徨啊，總編輯接下來就是社長，社長接下來就要退休了。」

其實鄭家鐘原本研究所畢業後的計畫是出國攻讀博士學位，也已申請到布朗大學，但因為「時報太重用我了，用到我沒有時間去想是不是還有其他的路，在那裡經歷的工作可能比人家一生還要多。」

無論老闆賦予任何工作，他都照單全收。尤其在一九八九年從編輯部轉到總管理處擔任副總經理兼企劃處處長後，管北中南印刷廠、管發行廣告、蓋過大樓、搞過ＩＴ（資訊化）、整頓時報出版，後來還創立了時報資訊，做網路媒體、電子報。「基本上整個時報非傳統的事業我都參與過，只要有『怎麼時報做這種事？』那一定跟我有關！」鄭家鐘的理念是：所有別人不輕易嘗試的事，他就想試試看，「我在同一家公司，卻從來沒有只在一家公司工作的感覺，因為到處是機會。」

鄭家鐘雖然看似全能，卻不是全才。接手每樣新事業，都是費盡一番苦心去做。他聰明、點子多，而且認真執行、負責到底，因而練就十八般武藝。譬如做流程資訊化時，鄭家鐘根本不懂電腦。最初開會時，他還帶一本牛頓電腦辭典隨時翻查。「其實資訊化除了技術之外，很重要的是改造流程，人的習慣是最難改的，所以之前才一直搞不定。」他認清這個事實後，以自身專長從經營策略角度跟同仁做溝通，從改變作業習慣著手。

此外，他不好高騖遠，當別家公司一頭栽進大型電腦、封閉系統，他卻支持資訊人員去光華商場找個人電腦，用微軟視窗。他考量的是，如果光華商場都買得到，維護成本一定省很多，工程師也好找，「市場經濟學第一課就是，就是千萬不要用很難買到的東西！」

後來，中時的資訊系統還經Intel總裁Palmer推薦，得到美國SMISONIA傑出應用獎，名列世界級的成功案例之一。鄭家鐘自己也覺得有趣，「翻字典起家的，竟然有幸也能代表時報入主名人堂！」這個他主持建立的編採系統，經過無數改版、整合，而發稿系統一直沿用至今。

拿筆也能蓋房子

打造完資訊系統，鄭家鐘開始蓋房子。自一九九三年起，他擔任民權籌備處執行長，負責蓋民權大樓。

「民權大樓是非常特殊的建築，在台灣建築史上應該是怪胎，」他解釋，為了充分利用空間，民權大樓採四合一功能設計，一樓是展覽場、二樓是表演廳、地下室印刷廠、二樓以上是辦公室，四種空間對於震動、載重、聲音的要求都不一樣，「單是算結構就算得要死，建築師

都快得神經病了！」鄭家鐘再次從零開始，到青田街買了許多建築相關書籍回家啃，什麼半順半逆工法、結構體、工序、工程管理，他都自己設法搞懂。他還要求自己必須看圖，才能和建築師討論，並且花很多時間做專案管理。房子蓋到哪裡他就讀到哪裡，蓋地基他就看關於地基的書，蓋到帷幕牆，他就去買一堆帷幕牆的書來看。「認真是一個習慣，從不知到知、即知即行，而且愈行愈深，這才是真認真。」

邁入二十一世紀，鄭家鐘馬上打了一場「完全沒有經驗值」的戰爭——中時進軍網路。本來屬於編輯部的中時電子報，在網路一片榮景下趁勢而起，獨立為中時網科預備上市，並得到雅虎楊致遠投資，一時之間風光無限。沒想到，緊接著網路泡沫化，「本夢比」破滅，中時網科一夕之間從編制三、四百人縮編到一百多人，從民權大樓頂樓光鮮亮麗的辦公室，搬回了大理街的中國時報。「所有人看到中時網科好像看到鬼一樣，跑光光了。」鄭家鐘卻沒跑，在經過一番縮編、減少成本後，網路廣告做起來了，預期可達到損益平衡後，他才離開。

走過人生低谷，鄭家鐘沒有失志，而是有另一種體悟，「做事業一定要準備過冬。」此後，他經營企業都很保守，不只看亮閃閃的營額數字，更要看基準線在哪裡。「有人賺十塊花了九塊半，我覺得這就把基準線拉得太高，理想是賺十元花五塊錢，否則大企業水位高，格局撐很大，別人差一萬，你差一千萬，救都救不回來。」

二〇〇二年，鄭家鐘回到原點工商時報，擔任總編輯兼社長，這次的挑戰是讓工商時報轉虧為盈。他第一個策略便引起一片嘩然——張數要比當時號稱賺錢的經濟日報少一張！員工懷疑他是不是瘋了，已經競爭不過，減張不是輸得更難看？他縝密思考後卻認為，從成本考量，紙張成本占比超過三〇%，少一張馬上省下大筆費用，而且讀者看報時間已從二十幾分降到五分鐘，幾乎是用翻的，像在看海報一樣，會在乎報紙有幾張嗎？過沒多久，經濟日報也跟進，週末時減一張，算是消極支持他的論點。接下來，鄭家鐘要求字體放大、行間放大、照片放大，這意謂資訊量減少、人員可以遇缺不補，但美工相形重要。他藉此機會精挑細選，一天淘汰掉三成的稿子，又特地從香港請來美術總監指導，新聞品質及版面美觀同時提升。

此外，他和零售組同仁發展「零售報投準系統」，要求每個零售點配報準確度提升到八成五，依每天剩下的報紙調整，如果剩五份，隔天立刻少送四份。「我不在乎賣不夠，寧可不夠賣，也不要剩下。」事實上，讓讀者買不到正是巧妙所在。鄭家鐘分析，超商那麼密集，有心的讀者這家買不到，跑一下別家就買得到了，如果跑了三家還買不到，「那他一定會覺得工商時報很搶手，更想買！」

此外，鄭家鐘還在背後「搞小動作」，祭出「一公分的策略」，要求全體員工上班經過便利商店，把工商時報抽出來一公分。「一般人看到抽出來，顯然前面有人買，便會順勢再抽一份，而且工商通常擺在經濟上面，這樣也把經濟遮住了。」他連連出招之後，工商時報零售市占率，一舉從四九%提升到五二%，第二年便開始賺錢，而且持續到現在。「碰到問題，還覺得可行方法只有一個，那就真的太『狹隘』，」鄭家鐘認為，認真做事，總是不斷更新想法，「再怎麼困難，都要『有能為力』。」

再遇藝術新世界

二〇〇八年，旺旺集團入主中時媒體集團，反而給鄭家鐘一個前所未有的機會：選擇離開。這時他五十四歲，職業生涯全奉獻給中時，當中不是沒有其他機會，但與中時余家多年情誼牽絆讓他走不開。「我有一身功夫，也是余家成全的，是他們創造事業給我舞台。」

鄭家鐘離開中時休息了一陣子，其間曾有半年擔任旺旺集團的顧問。

二〇〇九年，台新金控董事長吳東亮延攬鄭家鐘到台新文化藝術基金會。基金會以資助當代藝術為宗旨，但他對當代藝術其實是門外漢，於是，他再一次從零開始，拿出台新藝術獎歷屆得獎作品，從作品介紹開始研究。他說：「當代藝術聽起來就好像是殿堂上的東西。」事實上第一次參加藝術獎評審會議時，彷彿到了一個另外的國度，大家講的都是中文，卻完全聽不懂，因為每位專家使用的都是高度抽象化概念的語彙。他開始把基金會的出版物拿出來閱讀，逐一對照圖片（視覺）與概念的連結。

湯皇珍的著作《尋找藝術》給鄭家鐘很大的啟發。其中一篇「這不是一只菸斗」是張一九二九年馬格麗特的作品，圖片中畫了一支菸斗，下面就寫了「Ceci n'est pas une pipe」幾個字，讓他對影像、實物與文字三種不同編碼系統如何混搭表現，有了極簡潔的了解。

台新藝術獎的裝置藝術類，充滿了如此的巧妙運用，當代藝術的表現形式就在不同編碼系統中巧妙的穿梭，以凸顯藝術家對作品的定格。同時，當代藝術更有極為敏銳的社會批判精神。例如，第九屆入圍的拉黑子作品「颱風計劃」，用三千隻拖鞋組成不同的裝置藝術，用意像、實物及空間設計來詮釋人與自然的關係，正是當代藝術充滿生命力的面向。另外，倒立先生黃明正的透明之國，以「支撐地球」的姿勢，重新省視人間的各種圖像，用一步一腳印的創作方式結合雜技的謀生技能，體現了藝術的理想。

在接觸當代藝術的過程中，鄭家鐘說：「藝術基金會對我是很大的驚嘆號，從事當代藝術的這些年輕人，他們本身就是驚嘆號！」原來，世界的豐富性是全息圖像的，只是人自己太盲目。

「每個人都應該有第二組人生，藝術就是我的第二組人生，」從來不只做一件事的鄭家鐘又再次啟動了。台灣公益慈善基金會兩年前成立，鄭家鐘又投入公益工作，「您的一票，決定愛的力量」辦了兩屆，就獲得多家企業的加盟，並獲得遠見的企業責任推廣獎，這個活動因為極具創意，又以「不只給魚吃，而且教社福團體釣魚」的理念，幫助弱勢族群面向社會，在網路上大受歡迎，鄭家鐘說：「台新吳董事長支持用「讓人家會好」的方法關懷台灣，確屬高瞻遠矚，個人與有榮焉。」在時報時，常有人問鄭家鐘，「只領一份薪水，幹嘛做成這樣？」他如此回答，「做事是人家的錢投資在我們身上，讓我們有經歷的機會，光這一點已經賺到了。假如算投資報酬率的話，我這樣的一生比較划算！」（撰文 方雅惠）

從媒體轉入金融界，鄭家鐘（中）仍維持「良好習慣」，身兼數職。

接任藝術基金會董事長，鄭家鐘（中）再一次從零開始，認真投入。

鄭家鐘與太太。

莎士比亞的妹妹們的劇團團長

王嘉明

「劇場頑童」王嘉明在舞台上玩得狂放不羈，台下卻像公務員一樣按部就班，每天六點起床，用專案管理的方式經營劇場。在他看來，創作不能單憑靈感、直覺，紀律，才是讓他的作品得以完整實現、獨樹一幟的關鍵。

玩得兇，也要守規則

頂著一頭清爽短髮，白皙的面容上架著黑框眼鏡，說話時語氣輕緩，間或蹦出奔放的笑聲……看起來像是斯文而樸實的鄰家男孩，親民得讓人無法與他在舞台上驚嘆連連的狂野表現聯想在一起，他是「莎士比亞的妹妹們的劇團」導演、團長王嘉明。

但，行家一出手，便知有沒有，從遞過來的名片便可嗅出他的「實驗性」。一面是一個女郎坐在小山堆一樣的衣服上正在脫衣的照片，另一面是——刮刮樂！得刮開了才知道資料。「不敢給年紀大的人，總不能叫長輩刮。」王嘉明露出靦覥的笑。一般名片都巴不得在第一時間內告訴人們最多的消息，王嘉明的名片卻先把自己藏起來。於是，發現王嘉明，開始像刮開他那張隱藏版名片般饒富樂趣。

舞台上大膽玩，打破既定想像

被稱為「劇場頑童」的王嘉明愛在舞台上大膽玩語言、聲音和空間，每場戲總要打破觀眾對劇場的某種既定想像。

「家庭深層鑽探手冊」的舞台上根本沒有演員，只有十六顆單軌喇叭，觀眾坐在舞台中間像在聽立體廣播劇一樣「看」劇場。

「殘，。」的舞台則鋪上了數噸的潔白粗鹽，營造出一片海灘，十二個演員在以巨大黑色氣球偽裝成的黑色月亮下發出情慾的吶喊。

「請聽我說」中的兩男一女演員，從正面看像是穿上紙娃娃衣，後方舞台上的鏡子卻映照出演員裸露的背影，他們刻意肢體動作僵硬、臉部表情誇張，操著全劇押韻到底的文藝腔。

「膚色的時光」則以一道懸著的牆將舞台一分為二，分坐在A、B區的觀眾各觀看一邊，雖沒有戲看一半的感覺，但確實吸引許多觀眾二度進場看另一邊舞台的演出。電影「盛夏光年」的導演陳正道便如此推薦，「這部戲要看兩次才能完整看完，我會來看兩次！」

「王記食府」的舞台成了餐廳，演員成了廚師，生菜、小黃瓜、雞肉、牛腱是演員，節目單是食譜，看劇場的方式就是吃五道中式、五道義式宴席。劇場已不只是藝術，還成了服務業。

二〇一一年，首度登上台北國家戲劇院的「李小龍的阿砸一聲」不談李小龍，以退出聯合國、科學小飛俠、五股箱屍命案等一九七〇年代台灣人的記憶片段，拚裝出一則「龍族」的科幻神話。

重紀律的表格狂

王嘉明在舞台上玩得狂放不羈，舞台下卻極重工作紀律、像公務員一樣按部就班。他每天儘量六點就起床，起床後並有一套儀式般的程序。如果接近演出，鬧鐘甚至會訂凌晨四點，「早晨起來，人比較乾淨。」他說。雖然晚上好像思緒很跳、跑很快，但質地很浮。

此外，王嘉明幾乎每件工作都做專案管理。此習慣緣於早期做舞監和製作人時，要規劃演出時間、地點和預算等。做導演後，演員進出場時間、次序更是依賴表格，「我是個表格狂！」他坦言不諱。

他寫「李小龍的阿砸一聲」的劇本時，埋頭研究劇中時空背景，便將台灣退出聯合國、二十四小時便利商店史、箱屍命案、十大建設、劉文正和林青霞等全做成一張大圖表貼在牆上。

「王記食府」更是將表格利用得淋漓盡致。每場一百個人、十道菜，從準備食材、儲存、前置作業到現場料理、出菜，一一化為非常複雜的表格。尤其中式和義式做菜方式不同，吃法也不一樣，後方不是上菜、就是洗餐具，加上逢週末六、日各演三場，場與場之間隔不到一個小時，怎麼在一個小時內收拾所有東西、洗乾淨、擺好，還得邊做邊上菜，王嘉明說，「真是非常可怕的一個程序。」單以處理小黃瓜為例，十四箱、一千四百公斤的小黃瓜要切成四種不一樣的形狀，專門負責小黃瓜的舞者宛如身陷「小黃瓜地獄」，邊切還要邊算數量。「這些都是工作，做劇場就是這麼複雜，」他笑稱，「全部表格化，非常具體，一點都不浪漫。」

而玩雙面舞台的「膚色的時光」背後更多了一連串數學計算。王嘉明解釋，在劇場裡，不能太長時間沒看到演員，所以他邊計算著兩邊舞台有多少時間沒看到真人，邊累計兩邊舞台看到真人的時間，最後時間總量必須一樣。

近來，他將專案規劃時間從三個月提前到一年半。在他以五張A4紙黏成長條形的專案管

理表格上，共有八個案子在進行，不同案子的不同階段分別有不同顏色，時間已安排到二〇一三年。「這不叫有計畫，而是遊戲規則，覺得好玩，」他說，就像玩遊戲一定要有規則，「我玩得兇，但還是要守遊戲規則。」

王嘉明認為創作是需要紀律的，他尤其對靠靈感、直覺、熱血就能寫出東西的說法極為感冒，「當然不是沒有靈感、沒有直覺，但光靠這些寫不出東西來，做不出劇場。」他說，在舞台呈現之前，找資料、接洽相關事宜等事都是制式化的工作。「因為靈感、熱血，東西就會好嗎？會不會有時只是擺出自以為是藝術家的姿態，實際上是一種怠惰。」

在看似傳統的外表下悶燒著前衛的思潮，又在不流世俗的表演幕後以傳統紀律的態度工作，輕緩精確的談話與豪放不拘的笑聲判若兩人，大量雜食性閱讀又使他的作品充滿語言學、哲學各種豐富的語彙，王嘉明的多面向並非偶然而成。

遊盪在身體、空間、影像的感知

早在讀國中時，他便曾一面屈服於升學壓力乖乖讀書做好學生，一面關起房門偷偷跳霹靂舞、學武術，「我那時就對身體很感興趣，」他說。

這樣的他，後來卻考上屬於理工科的台灣大學地理系，「而且我非常、非常喜歡！」除了人體，王嘉明也對空間感興趣，喜歡畫地圖，用各色水性筆在等高線上塗上不同的顏色，「畫完就背起來了。」

與劇場緣起於高中時期辦晚會節目，讀大學時進一步參加話劇社，寒暑假開始到處在劇場表演，並曾受過曾任果陀夫斯基助理的貧窮劇場創始人陳偉誠訓練，「當時劇團如雨後春筍出現，刺激很多，玩的都是很實驗性的東西。」大四時，王嘉明第一次當導演，卻又捨棄實驗性，導的是定本戲「小偷嘉年華」。

服完兵役後，王嘉明並沒有朝地理的領域走，而是到廣告公司當製片助理，當時蔚為風潮的意識型態廣告如：司迪麥口香糖、中興百貨，他都曾參與幕後製作，同時也在劇場當演員、製作人和舞監。「那幾年一直在漫無目地遊盪，覺得劇場很好玩，也不知還能做什麼，就一直做了。」王嘉明仔細回想，劇場之路走得似乎自然而然，並沒有真正做決定的那一刻。

一九九五年夏天，「莎士比亞的妹妹們的劇團」成立，團名源於英國女作家維吉尼亞．吳爾芙（Virginia Woolf）在《自己的房間》（A Room of Ones Own）一書虛擬的角色。

但王嘉明屬於慢熟型。二十七歲那一年，他才導了第一部賣票的戲，二十九歲第一次當編劇，三十歲第一次自編自導。

逼近三十歲時，他考進國立藝術學院劇場藝術研究所攻讀導演。真正進科班研究後，他發現最好玩的其實是認識許多不同的人，因為學院派和搞實驗劇場的人思考方法不一樣，「而我

對於不同思考方式、不同的感知方式很有興趣。」

而今，王嘉明四度入圍台新藝術獎，二〇〇七年獲評審團特別獎、二〇〇九年獲表演藝術類首獎，代表作「請聽我說」多次重演，「膚色的時光」則連續客滿十九場，獎項與票房均獲肯定，儼然是中生代劇場導演的代表人物。

劇場是無法複製的肉搏戰

舞台背後的現實卻不如外界想像的亮麗。「在台灣搞劇場其實是有點難，非常欠工作，非常！」王嘉明談到身邊很多演員常常都在等案子。「我一直都很窮，」他直白地說自己常常身上只剩幾百塊錢，沒有車子、沒有房子，慣常搭公車，「但我從不覺得辛苦，因為我們假這麼多！」他哈哈大笑。

目前劇團有兩個正職、一個兼職，王嘉明管創作藝術，兼做企劃書、時間、預算等行政工作，除了支領劇團微薄的固定月薪，他也在學校教書、接各種表演、活動導演。

「劇場是一種手工業，想再賣一次票，還是得親自上陣肉搏，比較像是泥巴摔角！」王嘉明說，劇場演出無法複製，拍成影像就脫離劇場本質，看光碟和臨場觀看是完全不同的經驗，譬如有觀眾看「殘，。」坐在前排，回家後鞋子裡還倒得出鹽巴，看「王記食府」的方法就是得在現場吃，都不是觀看影片可以得來的經驗。

王嘉明認為，當手機、電視、電腦等2D影像唾手可得，劇場與一般人顯得距離更加遙遠，尤其當現代人習於在街頭轉角的便利商店隨時取得滿足，劇場卻要求觀眾一定要在某個時刻到某個地方觀看時，「看場電影也不過三百多塊錢，看劇場得花個六百、一千，又要走比較遠。」

儘管文創產品財路受限，王嘉明仍堅持「無法複製」正是劇場有趣之處。現代人生活裡已充斥太多複製品，包括熱門的所謂3D其實也是「假3D」，只有劇場才是真正的3D。「最吸引我的地方在於，劇場可以有不同空間的變化與呈現，又像是肉身、感知或理性的視聽實驗室，可以玩的可能性太多了，我常在想還可以玩成什麼樣子？」

「玩」似乎是王嘉明的導戲守則。頑童之名，在描述他學識廣博上有所缺失，卻傳神地形容了他對劇場的感情。（撰文 方雅惠）

「殘，。」的演出劇照。

「麥可傑克森」劇照。

「請聽我說」劇照。

「膚色的時光」劇照。

和菓森林紅茶莊園主人

石茱樺 陳彥權

以十年時間，夫妻倆聯手創業，一位負責行銷管理，一位是專責製茶，將父親固守六十年的老茶園，變身為傳遞台灣紅茶文化的體驗空間，成功打響品牌。近年更與二、三十位契作茶農合作，以在地行銷方式，讓台灣人重新認識、享受高品質的本土阿薩姆紅茶，為地方產業注入新世代活力。

立志打造百年紅茶莊園

石茱樺，中為石朝幸，右為陳彥權。

星期天下午，南投魚池鄉「和菓森林」二樓的 tea house，女主人石茱樺請客人試喝剛泡好的祖母綠紅茶，「這是日治時代持木茶區所留下的大葉種，一種茶有前中後三段不同香味，請感覺一下茶湯前中後段的花香、果香和焦糖香。」客人慎重拿起漂亮磁杯，初嚐台灣百年老欉紅茶的滋味，紛紛露出驚豔表情。

另一組客人在後面竊竊私語，「她是不是報上寫的『魚池紅茶公主』？」換做十五年前，石茱樺聽到這封號，恐怕不知該哭還是該笑。那時，她一腳跨入紅茶的世界，才發現做生意像打仗，現實竟毫無浪漫的可能。身為一個茶農的女兒，也從來不是住在城堡裡的公主。

石茱樺從小就沒有公主命，「當同學放學後穿水水相約去看電影，我卻得在茶園裡撿茶籽，曬得『黑嘿嘿』。」石茱樺的父親石朝幸是南投魚池鄉碩果僅存的老茶師，日治時代就在持木紅茶廠製茶，民國後繼續服務於茶廠。五十多年前政府耕地放領，他租下茶園、建立茶廠，自產自銷，盡心盡力堅守茶人崗位，也看盡魚池紅茶的興衰起落。

寧願賣地，也不砍掉老茶樹

七〇年代，魚池紅茶價格崩壞後，茶農為了生活，不得不改種檳榔，一甲地就有好幾百萬收入，石家茶園卻連一棵檳榔樹也看不到。「父親總是說我們家是吃茶米飯的，不能夠忘本。」身為石家的小女兒，能理解父親敬重茶業的心情，但外面的世界，始終比自家茶園精采。

成年後，石家兒女各有穩定工作。石茱樺在台中的貿易公司上班，先生陳彥權則從事環境工程；經常幫忙老丈人跑業務收帳的陳彥權，耳濡目染下，逐漸對茶發生興趣。當生命中最重要的兩個男人，都與茶結下難解之緣，也注定了石茱樺要親自走一趟屬於自己的紅茶之路。

九〇年代，台灣流行泡沫紅茶，為了與價格低廉的進口越南紅茶競爭，石家改用機器採茶、製茶，量化生產。除了傳統茶行通路，石茱樺夫婦積極開發泡沫紅茶店與罐裝茶飲市場，極盛時期，供不應求，還需委外代工，「每三罐泡沫紅茶中有一罐是用我們家的紅茶，連統一、生活、羅莎等飲料大廠也下訂單。」

然而，有量卻未必有賺頭，表面業績風光，裡子卻狼狽。石茱樺被南部一家飲料商倒了上百萬，加上大飲料廠也改用越南紅茶，讓她陣腳大亂，幾乎失去信心。

當時，鹿谷凍頂烏龍茶行情炒得很高，石茱樺夫婦一度想改種烏龍，卻被父親擋下來。「台灣種什麼都沒有三年的好光景，跟在後面換來換去，最後攏是空。」

指著牆上已毀於九二一的老茶廠照片，石朝幸說，「日本人還在香茶巷蓋了這幢三層樓高的木造工廠，在一百年前，可是像建總統府一樣的大工程，是真的看好魚池紅茶的潛力。」日本人做事「頂真」，精明且龜毛，當時的農業技術已算是世界頂尖，跑遍全台測量緯度、濕度、溫度、坡向，才找到最適合阿薩姆紅茶生長的魚池鄉，還特別在香茶巷開一條路。

「魚池紅茶的好，我從做囝仔時代就知道，但是靠我一個人也沒法度。」父親的見證和感慨讓石茱樺夫婦重燃信心與鬥志。石茱樺心想，老茶樹都能屹立一百年，父親也堅守了六十多年，最苦的時候，寧願賣地，也不願砍掉老茶樹。如果能好好經營，建立一個百年茶莊應該不是問題。

建立品牌風格，把自己做大

心定下來，石茱樺不再被外面的聲音所波動，她重返學校念EMBA學習品牌概念，並思考台灣阿薩姆紅茶的定位。「我們有最好的茶葉和手工製茶技術，不應該把自己做小，跟坊間七百CC只賣二十幾塊的越南紅茶比，只有自創品牌，才能顧好品質，讓消費者回流，也才能建立自己喜歡的風格。」她一直很嚮往法國的百年葡萄酒莊園，將飲酒提升為品酒文化，達到生活美學的層面，她希望有一天台灣人也可以用品酒的心情，享受高品質的紅茶，而不是只求解渴而牛飲。

研究所畢業時，她的論文就是關於休閒酒莊的研究。石茱樺笑著說，「當時還不太有信心，想說萬一紅茶賣不完，可以做成紅茶酒，越陳越香。」二〇〇二年，石茱樺夫婦創立和菓森林品牌，正好碰上九二一地震後，魚池鄉積極推廣紅茶為「一鄉一特色」代表，很幸運地獲得企業認養與通路曝光。加上日月潭提升為國家級風景區後，觀光伴手禮的市場需求大增，在天時、地利、人和加持下，石茱樺夫婦把握機會，勤跑高級百貨公司展售通路，將台灣阿薩姆紅茶與自家品牌形象一起介紹出去。

石茱樺對紅茶品質很有信心，客人反應也不錯，但五年下來，始終打不開市場，原因在於產地知名度太低。有一次，她在天母大葉高島屋百貨展售，跟客人解釋魚池就在日月潭，客人卻無感地說，「你家魚池好大，裡面有日月潭！」環顧四周，隔壁是日本靜岡綠茶、英國紅茶，以及阿里山烏龍茶，當全世界的茶擺在一起時，台灣魚池紅茶氣勢明顯矮了一截。

當一項地方特產尚未打響名號，就把戰線先拉到大城市，少了在地化的感覺，反而很難引起消費者共鳴。二〇〇五年底，石茱樺和陳彥權決定回到南投老家，以帶根帶土的在地行銷的方式，重新出發。她們將老茶廠的手工製茶流程開放參觀，引來日月潭的遊客上門，透過專人解說導覽，先了解台灣阿薩姆紅茶的歷史，再讓客人免費品茶，也有深度的專業品茗或ＤＩＹ彩繪茶葉罐，結果大受旅行團歡迎，也更樂意將本土的阿薩姆紅茶帶回家與親友分享。

回想整個過程，石茱樺說，「一開始其實很像在非洲賣鞋。」台灣人並沒有在家沖泡紅茶飲用的習慣，完全得靠著一個個親手泡茶給客人喝，才能夠將產品介紹出去。回到南投，不再離根離土，一次可以面對更多的客人，讓她感覺這一步走對了。

老茶廠只有一個廁所，漸漸不敷使用，為了增建廁所、提升服務品質，石茱樺夫婦決定向農會貸款，改造出心中理想的台灣紅茶莊園。他們保留一樓茶廠，二樓闢為品茶空間，以象徵茶湯的橘紅色為空間主色調，使用漂亮的白瓷與玻璃茶具，且從做茶、導覽到泡茶試飲的服務人員都是高挑亮麗的年輕妹妹，呈現明亮、優雅的整體氛圍。很多客人都很訝異在這偏遠山區，竟然有這麼漂亮的紅茶莊園。

這也是促使他倆決定回老家的重要原因。石茱樺認為，台灣紅茶才剛重新起步，客人來喝茶時，等於是初次接觸台灣紅茶的文化體驗，勢必影響著其對本土紅茶的觀感，一開始品牌的風格定調最是關鍵。「我所想要的台灣紅茶風格一定要跟烏龍茶有所區隔，並且跳脫傳統農村的印象。」

所以，石茱樺曾經應客人要求設計紅茶餐，內容並非一般的中式紅茶燉焢肉，而是將紅茶融入西式料理，有精緻的擺盤及正式上菜程序。這與金牛座的石茱樺要求完美也重視美感的個性有關，每當她聽到哪裡有最好的茶、酒和餐廳，都很捨得花錢品嚐，跟台灣傳統「家裡燒陶瓷的總是吃破碗」的觀念很不一樣。

對陳彥權來說，來南投最大的改變是住在山裡，空氣新鮮，鼻子變靈了，可以更心無旁騖地跟著老丈人學做茶。每次聽石朝幸講述過去學習茶藝工序的故事，就是一次接受前人智慧洗禮的過程。

石朝幸說，七十年前在林口茶葉傳習所上課的第一天，教的第一個觀念就是做茶的人要像當醫生。「日本老師說，茶是有生命的，他把茶葉放在顯微鏡下，確實看到茶葉在喘氣。」既然茶葉有生命，就代表會生病，必須用藥來醫。所謂的藥就是茶人的技術，栽培過程中生了病，茶葉採下來發現了缺點，都要靠茶人的醫術來補，這些技術都是他上課、實習，以及過去跟在茶葉廠長身邊一點一滴學來的。「曾經有同學偷偷把日本老師的茶換掉，老師一喝就知道，讓學生更知道製茶師要對茶敏感到什麼程度。」

陳彥樺說，一片茶葉記錄著茶樹的生長、天氣的變化，以及製茶的每個程序。他也從中體會到，做茶是一種與生命互動的關係。喝一杯茶看似輕鬆，卻因為茶人認真地做好每一道工序，讓人喝在嘴裡就可感受到一種精神，而更珍惜當下一口茶的感動。

承先啓後，最無用的茶變爲最好的茶

「最好的紅茶是在夏秋兩季，但四季都得做茶，受天氣影響，每天做出的味道都不一樣，製茶師就是在當下盡己之力，結果就交給天命。」對石茱樺夫婦來說，不只是做茶，經營一份事業也是這樣。今年五月，因為土地產權紛爭，石家三甲的百年老茶樹突然在一兩個小時內被怪手剷除一空，讓許多人深感痛惜。

「努力了半天，卻連老茶樹都顧不了，好像一切又回到了原點。」但石茱樺心念一轉，雖然顧不了自家茶園，但是產銷班裡二、三十位農友，家家也有百年紅茶老樹，或許老天是要她更聚焦於推廣紅茶，把事業經營好，「透過合作，我可以照顧二、三十位茶農，也等於請茶農幫我照顧老茶樹，是不是擁有一片山林已經不重要。」

現在，魚池鄉以種紅茶的農民收益最高，光是賣茶青一公斤可賣到三百五十元，鹿谷的烏龍茶一公斤才八十元。「紅茶一下子從台灣最無用的茶變為最好的茶。」事實上不只是農民，當地對於採茶及服務業的工作需求也比以往大幅提升，石茱樺認為，地方產業一定要賺得到錢，才能吸引年輕人回來，有了年輕人的參與，地方產業才能延續創新。

「前人種樹，後人喝茶，以前有日本人回來看老茶樹都會很感動，我們也會特別表達對先輩的感念。」經過這個挫折，石茱樺夫婦更意識到自己的責任就是做一個承先啟後的開放平台，吸引更多人來發揮自己的智慧與才華。石茱樺說，「對於茶葉種得特好的茶農，我們收購的價格會比別人多三〇％起跳，鼓勵他的用心，且使用有機及自然農法，不破壞環境，才能留給下一代乾淨的土地。」

目前，和菓森林一年接待的遊客量有三至五萬人之多。現在，石茱樺更能樂在工作，出去推廣時，總說自己的工作就是「陪客人喝茶聊天」，讓旁人羨慕不已。她比著身上的橘色制服，「茶湯的顏色，也就是品牌的精神，代表的是一種分享生活與熱情的態度。」在經歷了愛恨交織的情緒，石茱樺在分享茶湯中再度找回了熱情的滋味，也啟動了傳承百年台灣阿薩姆紅茶莊園的夢想藍圖。（撰文 駱亭伶）

手工製茶體驗。

和菓森林的橘色外牆代表分享好茶的心意與熱情。

小朋友從參觀製茶流程及彩繪茶罐等活動，更了解台灣紅茶歷史。

和菓森林傳承百年老茶樹精神。

新世代藝術家

崔廣宇

不過才三十七歲，崔廣宇已是備受國際藝壇矚目的新秀。以錄影形式結合行為藝術，試圖以生物學的脈絡來回應人與社會系統間的適應關係，透過行動來重新定義或質疑所處的體制，是少數能夠做出具有「觀念藝術」內涵的創作者。曾受邀至英國、日本、韓國、德國、西班牙等地展演，參與倫敦與阿姆斯特丹駐村計畫。

我與我的生活實驗

SALOMON

如果對義大利作家卡爾維諾來說，細如粉末的文字，是其重構如迷宮般世界本質的武器，那麼對行動藝術家崔廣宇來說，從台北、阿姆斯特丹、利物浦、倫敦，甚至到北極圈，穿透世界表皮的唯一武器就是他自己。

在「表皮生活圈」中，崔廣宇穿著特製衣服，在台北國父紀念館、便利商店與計程車休息站之間突兀而迅速的變裝，讓人聯想起擅長適應環境的變色龍。在「台巴黎」作品裡，看似在巴黎鐵塔下與金髮美女擁吻的背影，其實是他裝扮成一個在高壓電塔下緊擁紅貴賓、且嘖嘖舔食著棒棒糖的台客。

而在阿姆斯特丹，他遊走在城市與人群之間，當身上的噴水衣射出水柱時，化身為移動的海平面，呼應著荷蘭人造陸的奇幻寓言。在倫敦的十字路口，崔廣宇大力揮舞著黑白旗幟，儘管街上依舊車水馬龍，卻有那麼幾秒鐘，他似乎將馬路變成了賽車場，取得某種意志的勝利。

突破藝術框限，以自身介入的社會實驗

大部分人都會被崔廣宇作品中的戲謔與奇想逗得噗哧一笑，好像面對一個突然拿出水槍射擊的頑童。然而在快如閃電的瞬間，境面效應發生：可能是映照出自身穿梭於公司、家庭與社交圈間熟練變裝的身影，或是察覺自己對異國地標符號，公式化的浪漫反應。在觀看時，對於某些看待日常生活事物的態度，突然出現了不同的視角與邏輯，感受到表層之下的撞擊與鬆動。

身為台灣備受矚目的新生代藝術家，崔廣宇卻自認所做的事情其實與藝術根本不相干，而是一種研究。「我只是運用自己擅長的視覺語彙，以ＤＶ錄像把某個階段的心得拍下來，讓別人看看是不是也有類似的經驗或衝動。」

崔廣宇創作的動力，來自於對生物學及生活周遭事物的興趣。他喜歡從離自己最近的生活中，去收集、調查人與城市環境相互磨合適應的關係。因為不可能抓很多人來實驗，就以自己做為一個社會介入的媒介。創作對他而言，就是一種對自己的社會實驗，作品則是行動的紀錄。

總是一身黑衣、黑褲，帶著黑框眼鏡的崔廣宇，外型淡定低調，不像作品帶有無厘頭的特質。崔廣宇和很多藝術家一樣是科班出身，國、高中都是念美術班，進了台北藝術大學後，北藝的訓練是鼓勵學生不斷地打破習慣，「像是關於畫畫這件事，即使畫得再好，也只是多了張好看的畫，除了技術上的精進。這一幅畫是否還有其他的可能性？」崔廣宇認知到，一個創作者更大的挑戰來自於是否曾試圖尋找其他的可能性？有沒有開展其他面向的潛能？這對他的藝術創作概念產生了巨大反轉。

崔廣宇嘗試過不同的創作材料，卻仍然無法滿足。對他來說，繪畫是一種身心與技術的操練，畫布是一個框框；立體空間雖然較有延展性，但又覺得僅止於在某個空間才成立；而裝置作品必須佔據一定的空間的展示方式，感覺上不是那麼必要。「作品做完之後要放哪裡？似乎是一種物質的浪費。到底有什麼是可以不受制於平面與空間？」不斷提問後，答案直接指向了他自己。

也是在大學階段，崔廣宇發現自己對於生物、科普的興趣。他第一次知道可以從不同角度去理解人的行為，非常有趣。課堂也為他帶來啟發。當時有位老師上課喜歡播放各式影片，不見得與藝術有關，有表演、演講、社會事件、新聞等，所有的影像綜合連貫在一起，竟可以拼湊出某些意想不到的圖案、輪廓；原來，地球兩端看似無關的事件，竟會產生蝴蝶效應。每個事件、行為背後往往受到一些看不到的東西所操控，如環境、文化、政治、體制、社會、觀念、習慣、情結、認同等。更有趣的是，他發現每位同學所認知的世界都不一樣。

於是，崔廣宇決定回到一個最根本也更廣闊的位置，就是直接以自己為媒介，選擇從離自己最近的生活中去探究人和環境的關係，不斷從行為與事件的表象中，去穿透看似無形卻又無所不在的框架。

挖掘表層下的眞正價值

藝術家湯皇珍曾以「認真的荒唐」來形容崔廣宇。「一九九五年起，還是學生的他將系上呈長條型的畫廊圍堵起來，灌入水放上木板，他在這些木板上來回穿行，直到浮在水上的木板因為一次次的位移，而終致無法再由這塊木板聯繫到那塊木板，穿行的人於是掉入水中。接著，他與同學製作了一雙簡陋的彈簧鞋，跌跌撞撞由學校所在的關渡開始出發，前去繞行當時自己經常往來的空間。看看穿上彈簧鞋後環境是不是有所改變？無效益的行為，可笑又很瘋狂。細想後更有蒼涼——似乎看見人在環境中因為某種條件不得不然的反應，失望與希望的掙扎。似遊戲又似笑話，這樣認真的荒唐。」

大學畢業後，崔廣宇繼續著「以身試法」的城市生活實驗，有時甚至是看來怵目驚心的以身試物，例如以高處砸下的大型家具隱喻環境的不合理（作品「天降甘霖」），或是用頭去衝撞各式各樣的物體，包括路樹、號誌桿、公共雕塑、捷運車廂、郵局鐵門、證券所的電視牆……甚至牛屁股。崔廣宇的作品在台灣藝術界引起迴響，也廣受國際注目。

這使得崔廣宇獲得機會在不同城市進行研究與實驗。他曾應邀到倫敦、利物浦、阿姆斯特丹、林茲等城市擔任駐村藝術家，以一個觀光客或是外來者的姿態去介入這個城市，並且以自己的文化背景去看這些城市。「當我們對居住的環境過於熟悉時，對很多事物會感到麻木或視而不見。透過看似荒謬的表演，哪怕只是幾秒鐘的時間，都提供重新閱讀一個城市的可能線索。」

對於自己的作品，崔廣宇認為，只是他在不同階段丟出的一個小小的提問，不代表結論，更非找到了答案。「人的世界非常複雜，大部分我們自以為的答案，背後往往有更大的權謀，所以能做的就是不放棄提問」。而在崔廣宇所有的實驗研究中，所有關注的主題都指向一件事：如何在社會生存中找到捷徑。

「舉例來說，為了生存，從A到B大家都是走直線，但我想找出是不是有其他捷徑可以從A到達B，甚至可直接從A走到Z，不必透過B，還是可以活下去。」崔廣宇所說的捷徑有兩個意涵，一個是不必走大家都走的路而達到目的，另一個就是透過尋找不同路徑的過程中，看到更多可能性，挖掘表層之下的意義。

「以媒體新聞為例，大家想知道一件事，最快且理所當然的方法是看今天的新聞。」崔廣宇說，但是很可能一般人以為的捷徑，其實是繞遠路，甚至於迷路，因為背後有許多看不見的因素在影響著這則新聞，如果想真的了解事實，必須以自己的方法，花更多時間去探索，才能還原事情的本末。看起來是繞了遠路、沒那麼方便，但可能才是真正的捷徑。「也就是你不走平常直線的A到B，轉了彎去C，卻才能到達目的地，看到不一樣的風景。」

崔廣宇正是希望觀者從他的作品中，從種種看似詭異、不合常態的方式，喚起覺知能力，去連結、反饋到自己的生活。他認為，生活的目的無非是要讓自己過得更好，更快樂。一個人必須要有覺知能力，才能發現自己和外在環境的關係，不致一味地被操控。這時，才可能找到一個對自己而言比較愉快、可以跳進跳出，適應這個社會的位置，不必按照眾人遊戲規則走。

「好比一位職員，並不是被公司fire就完蛋了，如果你覺知到自己，找到一個合適的位置，不是只有社會體制賦予的身分，即使被fire依然有存在的價值，就可以在充滿挫折困境的城市中，繼續活下去。」

用眞切的情感探究世界

對崔廣宇來說，問到他在創作過程中感到最困擾的，就是觀眾看待這些作品都「太把藝術當成藝術」，作品大多是以展覽的方式讓大眾看到，但是展覽這個框架就已經對觀眾的屬性與觀看的心態產生篩選。很多人認定這是藝術圈內的東西，「是搞藝術的人想出來的，跟一般人

的生活無關。」而忽略了他所談論的其實與我們的生活更有關係。也人有質疑他，為何不乾脆去搞社會運動？「我還是選擇本本分分做該做的事情，以自己的姿態來介入社會。」

「藝術家通常有兩種焦慮，一種是創作跟自己的生活完全無關的焦慮，一種是生活過不過得下去的焦慮，我沒有前者的焦慮，但是有後者。」崔廣宇淡淡地分享，他新添的社會身分是爸爸，最新作品是她零歲的女兒，最近都在帶小孩，或許未來他的作品會碰撞出某些過去不曾探索的層面。

身為一個研究者，崔廣宇沒有選擇多數人直走A到B的路徑，難以換取社會認同的對價關係，而這場研究是否有價值也是未知數。「就像許多實驗室裡的研究，可能有用，但也有人研究了一輩子，發現其實毫無用途。」對他來說，只要展覽中有朋友看了他的東西有感覺，使其聯想到生活上某些事物，甚至挖到連崔廣宇自己都沒有觸及的面向，他便覺得這個研究值得做下去。

奧斯卡新科影后梅莉史翠普在哥倫比亞大學的畢業演講曾說：「人生真正的意義，來自於用真切的感情研究這個世界。」生活對崔廣宇來說，就像偵探柯南裡的名言「真相永遠只有一個」，然而看待的方法永遠有很多種——而他，必定是把美麗桌布掀開、看看底下究竟還有什麼的那一種。（撰文 駱亭伶）

2009 年錄像作品「極地日誌：錯誤的冰塊」。

在作品「隱形城市：海平面測量」中，崔廣宇在荷蘭城市街頭、鄉間小路，穿著特製的噴水衣四處遊走。

獨立製片人

黃明川

念的是法律，愛的卻是藝術，還在紐約經營過攝影工作室。黃明川的每部電影都是自編自導，不依賴片商投資或電影輔導金，自外於電影圈。只因為他相信，電影是非商業性、藝術性的。基於對歷史的執迷，黃明川目前專注於紀錄片拍攝，用影像保留住「每一個都將成為過去的現在」。

理想的追尋與移動

明川身上的膠卷是他的第一部電影作品「西部來的人」（1989）。

台灣第一部原住民為主體、全片以泰雅族語發音的電影並不是魏德聖的「賽德克・巴萊」。

有些人總是走得太快、太前面，快到後面的人望也望不見，留下的足跡受漫長時間的沖刷，並在變換快速的時代中逐漸淡去，然後漸被遺忘。譬如黃明川一九八九年拍的「西部來的人」。

一九八九，是黃明川赴美留學繼而工作十一年後返鄉定居的第二年。台灣第一部以原住民為主體，泰雅族語為主、河洛話與華語為輔的電影，就是「西部來的人」。貫穿全片的一則以旁白呈現的原住民神話，黃明川特別找來一位新光部落（斯馬庫斯與鎮西堡）泰雅族老人口述，那裡是當年距離平地、公路最遠，海拔最高的部落，受日本和國民政府的影響最小，因而得以保存最純正的泰雅口音。

棄法律從藝術，對影像充滿飢渴

一九七八年，黃明川從台大法律系畢業，但他沒有一天想當律師或法官，懷抱著藝術家的夢想，他逃離了因長久戒嚴而資訊封閉的台灣。那時，黃明川以為藝術等於繪畫，到了紐約，繞過藝廊一圈，才發現視覺藝術無比寬闊，「而我不想躲在幾乎沒有窗戶的地方畫畫。」他指的是當年紅極一時的紐約曼哈頓蘇荷區。

「會動的框框」顯然比靜態繪畫更吸引黃明川，所以多半時間他都泡在二輪電影院看日本電影、東歐電影、中南美洲電影，同時寫小說以緩解對影像的飢渴。一年後，轉進洛杉磯藝術

中心設計學院念平面攝影，之後又飛回紐約從攝影助理做起，兩年多後開了自己的攝影工作室。在那個盡是白人的圈子裡，他有接不完的case。紐約畢竟就是紐約，世界藝術的中心，如繁花盛開的商業活動與藝術創作，廣告界、百貨公司對影像的需求量多得驚人。那應該也是黃明川一輩子最富有的時日。

閒來，他會躲在工作室「捏造攝影」，自創圖景，然後拍攝下來，想像那是電影的一幕。

日子在看得到未來的軌道上滑行，黃明川卻開始思索何時能回台灣。他想回台灣拍電影，希望在台灣重生。「我就是無法成為一個美國人。」他說。

為什麼？黃明川想，也許是小時候在餐桌上聽太多遍父親的故事吧。他的父親被徵召到南洋替日本人打仗，日本戰敗，台灣人和日本人穿同樣的軍服，但分開關在不同的集中營，日本派大船來接回它的士兵，數百個台灣人卻必須自己回家。從海南島跨過海峽，再走到廣州，這段回家的路，黃明川的父親就走了三個月。穿日本軍服、以日語交談的台灣兵被中國人當成敵人，恨之入骨，一路挨暗槍射殺，每天都有同伴在眼前倒下。能夠從海南島回到台灣，父親說，算是奇蹟中的奇蹟。

父親的故事就像個線頭，引出黃明川對台灣歷史的濃厚興趣。他沿著線頭追索，一直回溯到十七世紀的台灣歷史。從台灣到美國，美國回台灣，乃至於現在，他一路閱讀台灣史文獻。黃明川之於台灣歷史的追尋從未間斷，無論如何變動和移動、離鄉與返鄉。

一九八七年七月十四日蔣經國宣布解嚴。「我以為解嚴就是自由」，黃明川等到了回家的日子。隔年，他把整個家當都搬回來了，他的父親則在同一年飛往美國依親——黃明川的家族都在美國。父子兩人差一點在太平洋上空擦肩而過。

用電影反省歷史、批判政治

有一種說法是，黃明川之所以拍「西部來的人」，與他回台後接拍廣電基金會紀錄片「百工圖」有關。他因為「百工圖」接觸到礦工、卡車司機等底層人物，而「西部來的人」中澳花的泰雅族男人就是打石工人。但這也只是表淺的關聯，真正更深遠內在的原因，是他對台灣歷史追索、反省之後的階段性回應。還有一種說法，謂返鄉的黃明川係以「西部來的人」自況。面對這樣的說法，「多麼淺的觀察啊！」他無可奈何地輕笑，「歐洲有多少電影在拍返鄉？返鄉是個世界的議題，從來不是我個人的。」

接之黃明川拍了「寶島大夢」，是部「一個沒有戰爭的年代，一個苦悶的逃兵的故事」，然後是半自傳的「破輪胎」。每一部電影黃明川都是合編或自編自導，並以低成本、十人不到的工作班底克難完成，不依賴片商投資或電影輔導金，電影圈因此封他為「獨立製片人」。獨立，另一個意義是孤獨。電影圈並沒有把黃明川當圈內人，他也不與電影圈往來，他堅決相信電影的非商業性、藝術性。那些年，也因為在電影中反省歷史、批判政治，他被不喜歡他的人貼上了「深綠」標籤。

對此，黃明川感到莫可奈何。「再過二十年、三十年，沒有人是藍色或綠色」，黃明川最在意的是，「對於我所相信的，我非得要清楚掌握，說服自己，然後成為創作，或者生命的一部分。」

十年之內，黃明川總共拍了三部電影，也連賠了三部，「等於死去活來過三次」。拍第二部電影時他「理想還在燃燒」，到第三部，他變輕鬆了，開始嘲笑自己，開自己的玩笑，以這樣方式向電影告別，專心一意於紀錄片。「二〇〇一年到現在，我十一年沒拍電影。一來我被自己的紀錄片淹沒了，二來，台灣轉變成一個消費社會、物質化社會，民進黨又執政。這種大時代的氛圍，我突然不曉得要用劇情片講什麼了。」

魏德聖可以在失業多年後拍出雅俗共賞的「海角七號」，黃明川卻不可能。除了性格，世代成長經驗形塑對電影的不同認知也是一種解釋。魏德聖這代是看美國電影、看動畫長大的，黃明川則看新浪潮、看第三世界電影，還有，「若說我在美國沒有學到什麼，但學到難得的一個經驗，就是要抵達終點，路有千條百條，可是我所觀察到的台灣的人，多數人都選擇現成的同一條路。」

魏德聖選擇了一條艱困的路，黃明川也一樣。他拍過十幾支廣告，很不快樂，「我已經無法做不喜歡的事。」而所謂的終點就是死亡，每一個人的終點都一樣，但黃明川選擇一條不一樣的路。不一樣的路有不一樣的過程，一種唯有走過才能明白指說的深刻與豐富，影響你，烙印你，使你面對某些景像時會流下眼淚。「人生不就是過程嗎？」他淡淡地反問。他說的是電影，也是紀錄片。

「沒地方可去了，只好去拍紀錄片」，黃明川有時會用這種方式自我解嘲，化解掉「為什麼不拍電影了？」的問號。但這也只是表象，他曾以接拍受委託的紀錄片去餵養電影，但也同時自主地、大量地拍攝未來不可能再現的影像。無論題材為何，都是黃明川喜歡而且想拍的，他很清楚要記錄的是什麼，人事景物風流雲過，他沒有可浪費的時間。

在影像保存意識薄弱的台灣，他記錄了什麼？前衛藝術家、變遷的地景、前輩作家，以及台灣僅存的幾位以日文寫詩的詩人。

無論前衛藝術家或老詩人，「他們都在回應歷史，」黃明川說。從這個脈絡來看黃明川的三部電影亦不遠矣。二〇一一年他重新發行三部電影的數位版ＤＶＤ，詩人張德本歸納黃明川隱藏在拍攝題材背後所建構的影像哲學為「企圖締造台灣電影的原型」。三部電影代表三種文化原型：台灣原住民的神話、軍事戒嚴神話、政治宗教神話，是謂「神話三部曲」。在在是黃明川對台灣的變化的回應。

保留住每個將要成爲過去的現在

影像紀錄要成為作品，必須經過時間的累積。基於對歷史的執迷，黃明川最不害怕的也就是時間的流逝。他從不覺得時間是負擔，越是流逝，他累積的越深厚，而厚度帶來力量。

二〇〇一年，公視徵選藝術影片，隔年又徵選地景變化影片，黃明川已經持續拍了十年，

累積了十年。他就像不為比賽但日復一日自我鍛鍊的選手，拚命地記錄，忽然有一天，聽說要比賽了，就去參加。千禧年初，他的檔案多到一年剪幾十支都不會氣喘，這種「先付出，拍了再說，最後一次回收」的創作模式，其實稍微計算就知道，絕對不是一樁能賺錢的生意。黃明川賺到的，是保留住每一個都將成為過去的現在，給未來一個明明白白的歷史記憶。

黃明川把前衛藝術家的檔案剪成十四部紀錄片「解放前衛」，在公視連播，二〇〇二年「解放前衛」又從數百個藝術展覽中脫穎而出，獲第一屆台新藝術獎年度視覺藝術首獎。每位被記錄的藝術家，黃明川平均拍四到六年，其中黃進河拍了十二年。還有一個梅丁衍，黃明川以藝術的方式詮釋這位藝術家對台灣政治的認知、歷史的認同思維，追蹤了他十七年，至今才準備出手。

「紀錄片應該是把一個人或一件事情消化後，再組織出來告訴另外一個人，而劇情片是把你想說的事情創造出來告訴另一個人。」他解釋紀錄片與劇情片的不同。因此，紀錄片需要長期的拍攝，卻不能馬上剪接，也只有經過五年、十年的長期拍攝再回頭剪接時，紀錄的珍貴才得以顯現。那種時間厚度的珍貴是不能夠倒回去再來一遍的。境遷，作品就埋藏在時間裡了。如果不用影像紀錄下來，這一切都會徹底消失，或者只剩下凍結的照片，只剩下文字冰冷。

黃明川曾對開始拍電影的助理說過一段話，大意是，萬一你們出去拍電影，記得有一個地方永遠可以回來，就是紀錄片。紀錄片是獨立製片最後的庇護地，就算同伴全部都死光，只剩一個人可以作戰，也就是紀錄片。

在拍攝紀錄片時，黃明川自認是個觀察者。最純真的紀錄片，不能設定、不能打燈、不能指揮，連坐下來訪談都不允許。它要呈現的是原始的狀態，拍攝者只能在夾縫中工作，最好讓對方不感覺到你的存在。然而，這樣的紀錄近乎不可能，「即便攝影師變成你家牆上的蒼蠅，不停地盯著你，你也會注意到它的存在。」他同意攝影機必須有不同層次的干擾、介入，但儘量使用真實材料，不胡亂改造，自己不做訪問者，更不會用「類劇情」的手法去重現。

歷史、影像，無止盡的追尋和移動，終於黃明川的人生活成了一片膠捲大海。

很久很久前的那一年，黃明川為了成為藝術家而離鄉。如今，他的藝術家之夢是否實現了？黃明川的答案是：「我是不是藝術家，或者是一個怎樣的藝術家，這個問題，恐怕要十年、二十年後才會清楚。」（撰文 蘇惠昭）

1993年，黃明川（左）在「寶島大夢」拍攝現場的工作情形。

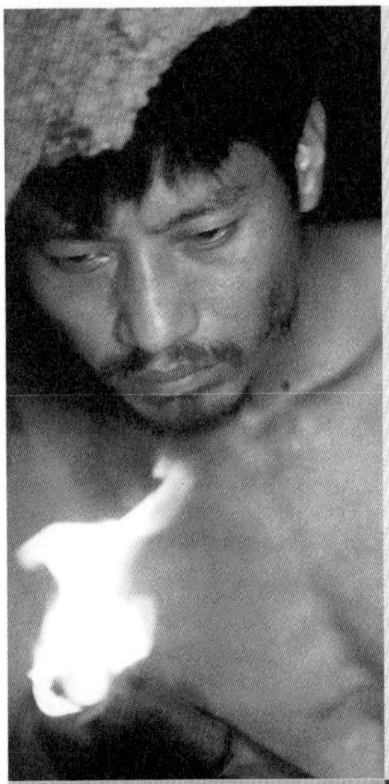

電影「西部來的人」劇照。

1999 年，電影「破輪胎」的拍攝現場。

許堂坤

香茶巷四十號紅茶主人

一個平凡老農，因為發自內心對土地的認同與熱情，毅然投入有機紅茶的栽種。曾經目睹台灣紅茶產業大起大落的許堂坤相信，紅茶的體質會愈來愈強，下一代若願意用心，就可以持續做下去。

認真做下去，紅茶就是傳家寶

為許堂坤，右為許太太吳金若。

清晨的山路泛著淡淡的薄霧，就像南投縣魚池鄉香茶巷四十號空氣裡的茶香，幽幽渺渺、似遠若近。習慣早起的許堂坤，抬頭看著東邊透出些微的天光，知道今天會是個好天氣。

前日採下的茶菁躺在萎凋網睡了一晚，葉稍微微捲起，像酣眠的小baby。許堂坤聞著自小熟悉的茶菁味，很難想像一轉眼已超過了五十個年頭。半世紀以來，魚池阿薩姆紅茶從大興到大敗，沒人料到還有再爬起的一天，許堂坤卻篤定的說，「我這生注定要做茶。」

回想十四歲那一年，一九五九年，他國小畢業、順利考上初中，紅茶廠工作的父親一句話：「讀什麼冊，跟我鬥陣來做茶。」撥轉了他人生的方向。早在日治時期，日人發現南投魚池一帶高溫多雨的氣候，與印度阿薩姆茶區相仿，引進大葉種茶樹試種；成功後，興建多所紅茶廠，積極出口外銷。二戰後，日人離去，樓高三層、千坪大的茶廠，雖因戰火而部分毀壞，仍可棲身。工人仍繼續在此種茶、製茶，家人也順勢遷居，逐漸形成一個大雜院。

「做茶這行很辛苦。」許堂坤說，白天要採茶、除草，晚上則用大鍋子手工炒茶、日作夜拚。不過台灣紅茶的外銷市場已經打開，價格越來越好，平均一斤有十七、十八元。當時，雇用一個工人一天可採二十斤的茶，其中兩斤當作工資，其餘都算淨利，收入相當不錯，也因此家家戶戶都種茶、做茶，「香茶巷」的名稱即因此而來。

可惜，紅茶榮景暴起亦暴落；政府只鼓勵生產外銷，卻無品質管控；生意好時，供不應求，貿易商取巧蒐購老葉、茶油子外殼磨粉，參雜於嫩葉。很快的，一船船運到國外的紅茶貨櫃不是遭到退貨就是減價。最後，外國人再也不要台灣紅茶。

一九六八年，許堂坤退伍返鄉。人心的貪取，導致紅茶產業的潰敗，位居產業上游的茶農，只能將茶樹剷除，另謀出路；他也面臨下一步何去何從。

某日，他想起了香茶巷的舊名叫「鹹菜甕」，三面環山的盆地環境，酷似醃製鹹菜的大陶甕；昔日原住民在此打獵，就像把手伸進鹹菜甕裡，絕不會空手而回。許堂坤腦海浮現紅茶廠裡的大雜院，心頭升起了一股暖意。

孫悟空七十二變，什麼都養什麼都種

許堂坤賣掉魚池鄉東光村的老家，正式舉家遷到香茶巷的紅茶廠。但紅茶沒落後，謀生不容易，大雜院的厝邊陸續外移，最後竟只剩許堂坤一家。看到同伴紛紛撤退，他也不慌，鄰居把原本住的所在，以數千數萬元轉讓，反令他囤下土地。

許堂坤留下茶樹叢，由挺著大肚子的太太照顧，自己外出打零工。

打零工每天只能賺得二十五元工資，難以維持家計，但仍咬著牙根撐著。經過數年正逢台灣經濟社會發展轉型的時代，身為一個農民，許堂坤感覺自己這一輩遭遇的無常變數，似乎比任何一個年代都多，不向命運低頭的他養過豬、雞，種過冬蟲夏草、柑橘、檳榔、烏龍茶……「雖然我不屬猴，人家說我像孫悟空一樣，喜歡七十二變。」

「我感覺社會在變，人的頭腦也是要變。」對生活清貧的農民來說，往往因資金不足而趨於保守，但許堂坤卻不怕去借錢。「台語有句話叫做『移錢在』。」意思是錢在口袋裡是死的，但當有一個人拿出錢來，錢就開始動了。他看見錢最大價值在於成事，幫助人把事情做起來，如果鄉里願意支援，就有機會爬起來，轉動的關鍵就是信用。

譬如他向某甲借一萬元，對方若臨時要用錢，就先跟乙、丙、丁方借轉，幾個湊起來，就有辦法還掉。日後甲方不但願意再借，遇人探聽，還會掛保證：「坤仔你放心啦！他這個人可靠、不會倒，有事可以來找我」，幫忙做口碑。走過貧困而多變的世局，許堂坤不畏懼從改變中找出路，靈活的以信用資產為籌碼，建立起家業。

有一次許堂坤替椪柑灑農藥後，突然頭昏昏，不太舒服。當時椪柑的價格持續下跌，且每二十多天就需用藥一次，覺得對人和土地都不好。剛好，農會鼓勵魚池農民重新種植紅茶。想到一直留著的老茶樹和製茶老機器，許堂坤做了決定。

「當他把幾千棵漂亮亮的椪柑雇怪手重機具挖掉時，鄰居都以為他『起肖』了。」許堂坤重整耕地，讓每塊地寬度一致，便於機械化耕作，並改善貧瘠土質。一九九一年，他重新種下兩萬株紅茶，並到農改場上課，學習有機的觀念與技術。

一直以來，許堂坤的紅茶除了自用、零售，也分享親友。「就跟以前賣土雞一樣，平常服務好一點，多送給人家試吃沒關係。」許堂坤的哲學是平常少賺無所謂，錢夠吃飯就好了。

上天所賜的無常，往往帶來破壞。就像老茶廠高高聳立的煙囪，在九二一地震當天硬是斷成好幾截，卻也賦予無法想像的巧合與機遇。震災過後，南投各鄉鎮積極為地方產業找尋出路，魚池鄉想到的正是曾風光一時的紅茶。然而要復興產業，首先得要有人，鄉公所找上了許堂坤，透過台新金控贊助，成為企業認養的五位茶農之一，記者會曝光後，台灣人才知道自己這塊土地也有高品質的阿薩姆紅茶。

許堂坤決定全心投入紅茶事業那一年剛好五十六歲。很多人質疑，「紅茶敗那麼久了，做什麼紅茶？吃到五、六十歲了，兒子已經會賺錢，想喝酒也有酒可以喝，把孫子顧好就行了。」

但是許堂坤不為所動。他看到台灣農業的問題一直是只要看到有錢賺，就一窩蜂，結果生產過剩，大家又一起倒。而現在紅茶有企業帶來行銷觀念與通路，幫忙起了頭，自己有辦法控制品質和產量，加上茶焙好儲藏起來，有人愛喝老茶，越放越老越值錢，比黃金還要好，不必受市場拘束，這條路應可以穩穩的走下去。

考量做生意一定要把量放大，製茶必須走一貫化作業。他租下鄰近荒廢的茶園，並投資兩百多萬重整茶廠環境與設備，再買來兩台國寶級紅銅製的製茶機，自己進行改造。「我們的製茶廠雖然不是很豪華，但是整理得很整齊，可以給人參觀，工廠環境評鑑衛生安全也得到優勝獎。」

爬上製茶廠二樓，從天花板垂吊著一片片由許堂坤親手改造的綠色紗網。「現代人多半是以機器（風力和瓦斯）來做萎凋，讓茶葉軟化，苦澀味逸散。萎凋網雖然比較佔空間，但利用空氣自然流通，葉片澀味的消散更平均，比強迫性做法要好，這樣的茶喝起來不苦不澀不咬口，才會有甜香。」從父親所學的日本人做法，許堂坤一直謹記在心。

短短一兩年的時間，許堂坤專注於前端的茶園管理和製茶，使紅茶產量大幅提高，但是面臨的第一個瓶頸就是如何把茶葉銷出去。長子許志鵬記得，家庭會議中，「父親指著庫存的五千斤的茶葉，問我和弟弟要不要做，如果要做整個家庭要動起來，如果不做就只好放一把火燒掉。」

由於兄弟兩人都有自己的事業，沒有時間跑茶行通路，許志鵬和弟弟商量，先各自拿出六十五萬的資本來設計包裝，開發多款精緻禮盒，兩人的老婆一個管帳、一個處理網路訂單。同時也算出成本，說服老爸以一斤幾百元的推廣價，讓兄弟兩人去衝年節送禮市場。

「其實我一直對父親的茶很有信心，」許志鵬從事音響工程，以往年節送自家茶葉給廠商，人人都說好喝。他繼續沿用父親的分享哲學，平日先分送客戶與朋友，收到對方好評，年節前再打電話關心，送禮自會採用。

找出自己的優勢，積極提升品質

「企業雖送來釣竿，教我們怎麼釣魚，但是怎麼釣還是要找出自己的方法與優勢。」許志

鵬經常到企業做提案簡報，他運用在工程領域十多年累積的專業，將內容換成自家茶園的故事，並帶茶去泡，運用本身的誠意去感動對方，很容易就引起共鳴。連續兩年，華碩的企業送禮，都是採用香茶巷四十號的紅茶。

他們也積極參加各種包裝設計展及茶葉競賽，目的不在於得獎哄抬價格，而是不放過任何曝光品牌曝光的機會，並證明紅茶品質與世界同等級。另一方面，也與知名異業合作結盟，例如和亞尼克菓子工坊，以及與太陽餅、牛軋糖業者合作，開發紅茶口味產品。多管齊下，兩年內所有的庫存就都賣光了。許志鵬回想這段日子，「好像還來不及緊張，時間就過去了。」

突破了第一關，許志鵬體會到，必須要找到自己品牌的定位，不能只急著擴大產量，應該提升品質，透過公開認證讓消費者更加信任。於是，許堂坤退掉租地，專注於以有機的方式來照顧茶園。

申請有機認證得一步步來，對許堂坤來說，用牛奶、海草精等多種原料做糖醋液有機肥不是難事，要他拿筆紀錄生產履歷，寫解決方案可就做不來了。再度召開家庭會議後，決定利用星期假日，由父親口述，兒子輸入電腦紀錄來解決。「有第二代的參與真的很重要，」許志鵬想像，台灣有很多像他父親一樣的老農，最吃力的部分都做了，卻卡在這其實最容易的一關，多麼可惜！

更讓許志鵬撼動的是，他將茶園土壤水質送去檢測，一驗就通過了。有機認證最困難的就是土質淨化，被化肥、農藥污染的土質往往需要十幾、二十年才能恢復。許志鵬看到的是自己的父親，一位最平凡的老農，因為發自內心對土地的認同與熱情，不管別人是否能理解，早就指引著自己走堅持的路。

香茶巷四十號歷經三年的有機轉型期，於二〇一一年三月份正式通過MOA有機認證。而在銷售方面，四方通路打開，也有固定的客戶每年都會大宗訂購，幾乎年年都是提前賣光。

大霧散退後，陽光照射在茶園上。許堂坤看著親手一株株照顧的紅茶樹，自豪的說，「紅茶最怕的就是紅蜘蛛，你看我的茶葉顏色很黑，不是一般紅紅的，代表體質強壯，病魔就難以靠近。」他相信，紅茶的體質會一代比一代更強，這條路已經鋪好，若下一代願意用心，就可以做下去。

「雖然品牌基礎是自己打下來的，但真正的功臣是兩個兒子和媳婦。」其實，父子兩人最高興的是，透過共同創造、討論事業的過程，找到一個家庭共同的向心力。「現在台灣的農家可以像我們一樣，好幾代坐在一起，好好談話、討論，什麼都可以聊，不只是老人家提當年勇。這個紅茶是寶，好好的傳下去，就是傳家寶。」（撰文 駱亭伶）

許堂坤說，茶葉顏色深，而非紅紅的，是品質優良的象徵。（駱亭伶 攝）

在台灣紅茶沒落的年代，許堂坤外出打零工，茶園由太太照顧。

許家兩代同心傳承高品質的台灣有機紅茶。（駱亭伶 攝）

香茶巷 40 號全新 Q 版包裝。

國姓國中空手道隊教練

廖德蘭 黃泰吉

九二一大地震後，廖德蘭和黃泰吉這對夫婦結束在台中很賺錢的道館，舉家遷到南投。十二年來，這對空手道俠侶，帶領曾是重災區的國姓鄉一群最弱勢的孩子們，驕傲地站上國際舞台，抱回三百多面金牌。更重要的，讓孩子看見自己的價值。

找回愛與勇氣的空手道

為廖德蘭，後為黃泰吉。

如果有一天，老天突然說：「嘿，不玩了，我決定放棄你。」你會怎麼辦？

十二年前，台灣發生九二一地震，位於南投重災區國姓鄉最弱勢的孩子們，曾以為自己的名字被寫進了死亡筆記本。當歷經住屋全毀、親人死亡或輕生、家庭離散或暴力、經濟困頓、黑道脅誘時，廖德蘭與黃泰吉這對空手道俠侶，以行動回應：「就算老天放棄你，但是教練沒有，所以你也不能放棄自己。」

十二年來，猶如蓮花盛開於污濁的泥池中，一支令對手震懾不已的空手道隊在南投成軍，從零面到三百多面金獎，五百個原本怯懦弱勢的孩子，自信站上了國際舞台。第一屆學生甚至成為國家級教練，回過頭來帶領學弟妹。這群孩子從苦難中找尋生存出路，以自己的存在與實力告訴老天：我還在，我很好，我還活著！

他們讓世人看見苦難的價值與意義，身而為人的驕傲與勇氣，每一個生命都是值得的，不管是對自己、對別人，永遠不要放棄。

孩子需要什麼就去做什麼

下午兩點，南投旭光高中活動中心地下室傳來空手道的喊聲。「南投的缺點就是衝、衝、衝，衝到排骨斷掉還在衝。要記住，思考才是你最大的財富……」，廖德蘭教練目光炯炯地掃向一個個體育班的同學，犀利眼神，彷彿能直視人內心的軟弱。練習場另一頭，黃泰吉教練示

範了一個漂亮的後旋踢，指導著即將參加晉級考試的高一生。

下午四點，兩位教練把場子交給助理教練，驅車從草屯趕往國姓鄉。另一端，國姓國中空手道隊的孩子一進訓練休息室，先從冰箱拿出雞蛋、滷包放入電鍋。因為教練交代，練習結束，一定得吃完茶葉蛋和牛奶才准走。

十二年來，廖德蘭和黃泰吉就這樣馬不停蹄地奔波。一般夫妻養一個小孩就吃不消，他們卻要同時照顧一百個國、高中孩子。上課、訓練、家訪、比賽、巡視宿舍、生活起居、寒暑假移地訓練，甚至協助處理家暴、喪葬、上立法院陳情升學管道，孩子需要什麼就去做什麼，永遠站在生命的第一現場。

好像天邊的太陽，日升、日落，循環往復，從不間斷。究竟是什麼樣的動力，讓這兩人這麼拚命？

「如果沒有來南投，應該會繼續在台中開道館，過得很安穩，一直教到老。」一來南投，跟廖德蘭是南投人有關，九二一地震發生後，她想起自己任教的高中社團，有六個學生住在重災區，騎機車又換腳踏車趕到國姓。現任國家代表隊教練曾麗如，是廖德蘭第一個南投學生，九二一那年，她念高三升學班，為好玩而參加兩週一次的空手道社，沒想到教練竟來災區找她，當場掏出五千元，還鼓勵不要放棄學業，要把書念完。

地震的陰影。

「當時整個國姓鄉像一張破碎的臉，沒有一塊地是平的。」大家都忙於重建硬體時，前國姓國中校長池麗娟力邀兩人來南投，以武術課程重建孩子的心靈。池校長親自到各班挑選頑皮好動的孩子，原本只是單純想給孩子一個動態活動，減少去溪邊玩水的危險，幫助小朋友走出地震的陰影。

「空手道始之於禮，止之於禮。所謂『空手無先手』，練空手道的人絕不能先出手打人。但是『先手先無手』，如果被攻擊，一定要在對方打到你之前，更快撂倒他……」廖德蘭還記得，第一堂課是在全校唯一完整的柏油路上，穿著白色道服的孩子，身形瘦小，眼眸卻閃亮如星。或許是找到發洩管道，誰也沒想到這群小朋友卯起來練，比誰都認真。「空手道不只是武術，所有動作、行止都有武德的涵意。」廖德蘭說，學空手道最重要的是透過有形無形的試煉，養成完整的人格。在訓練過程中，想要打人、得先接受被打；而且空手道是一種競技，跟念書不一樣，贏了會有自信，輸了要馬上承受挫折，無形中磨出抗壓性，強化心理素質，激起孩子們一種不認輸的精神。

「很多人都說，這支空手道隊是地震震出來的。」就像曾麗如從沒想過自己會當國手，不到一年，就拿下南投體育史上第一塊空手道金牌。得獎時，一家人正住在帳棚裡，當時她還問媽媽：獎牌可以掛哪裡？

「我做這件事的動機很簡單，因為熱愛所學的武術，想把它傳承下去，當年教練怎麼教我，我就怎麼教孩子。」

寄情空手道，擺脫比人差的感覺

廖德蘭的啟蒙教練是日本人。小時候他爸爸在桃園的日商公司上班，二、三十年前有很多日本人在台灣教空手道，這些教練到哪兒工作，就教到哪兒，肩負著讓空手道傳到全世界的使命。「一開始只是好玩，到了國中忽然很想好好練空手道。」

原來廖德蘭的爸爸體弱多病，一年中有八個月都在住院，母親則異常好賭，小時候她常常看著媽媽把學費拿去翻本、輸光，知道自己隔天又要被老師甩巴掌。「所有家事落在我的肩上，同學也不認同，總覺得你看起來沒精神、髒髒的。」

她家對面就是戲院，當時流行的是「梅花」等愛國電影，她總是激動地看了一遍又一遍。「我開始幻想自己是電影裡的英雄志士，我沒法改變爸媽，但是可以改變自己，擺脫比別人差的感覺。」國中時，她拚死苦練空手道，到了高中忽然開竅。

「空手道很講究知己知彼，出手之前，一定要先知道自己的位置，這一步踩出去距離有多遠，才能打到目標，如果不了解自己，隨便亂打也打不到。」就像練習成績不佳，通常都是心裡有事過不去，練習空手道，讓廖德蘭更勇於面對，從困擾的事情中去認清自己，不逃避。「找到自信的感覺很神奇，本來死板板的動作竟然變得流暢了。以前覺得練習很悶很無聊，像被塞到一個小盒子裡，動彈不得。突然間，我穿越了一道假門，背後竟是寬廣的天空，做夢都不再被鬼追，而是打敗魔鬼。」

當選國手後，廖德蘭的空手道成績傲人，曾經拿過七屆全國運動會團體與個人雙冠軍，征戰亞洲各國，唯一遺憾的是不論是亞洲盃、泛太平洋或是世界杯，總是拿第二名，與冠軍擦身而過。她曾經一度沮喪地想放棄，還好她父親雖然已經重病，仍然鼓勵她，「只差一點點，不要放棄！」

「挫折的時候，有人鼓勵你一句話，就有辦法支持下去，如果少了那一句我今天就不會在這裡了。」廖德蘭在空手道找到溫暖、認識自己，她也希望能用空手道帶給孩子愛與勇氣。

二〇〇一年，廖德蘭和黃泰吉結束在台中很賺錢的道館，賣掉房子，遷到南投，「每收一個孩子，就看見孩子背後的家庭環境、經濟、教育問題，像一個黑洞。」為了讓孩子遠離誘惑負面的環境，租下兩幢透天厝，安置五十個孩子，食衣住行和生活起居一起照顧，儼然成為一個超大型的空手道家庭。「高中生住宿舍，國中生則跟我們一起住，採取學長制，連寒暑假都儘量安排國內外移地訓練，不讓孩子有變壞的機會。」

「人要成長，單憑自己的力量是不夠的。」已經回母校任教的鄧世瑀，是國姓國中第一批練空手道學生，國三時，他一度想放棄，還好有教練與同伴的鼓勵。「競爭也很重要，有良性的競爭進步比較快。」

度過了撞牆期後，鄧世瑀脫胎換骨，國中時沒得過任何獎，高中卻拿下全國冠軍，三年學雜費全免，還保送大學，以前他認為自己能念高中就不錯了。「每次比賽，我感覺自己不是一個人，後面帶著十幾個人一起去打仗，氣勢完全不一樣。」

打死不退地積極爭取資源

「很多人問我們為什麼這麼投入？其實沒有為什麼，只是早就雞婆成習慣。」黃泰吉說，以前在台中開道館，碰到青少年問題，廖教練就會主動幫忙。來到南投，發現預防青少年中輟與犯罪教育幾乎沒有人在做，他們努力給孩子一個溫暖的家還不夠，必須突破社會環境與教育的困境。而對外爭取資源，就靠身高一八〇、有著打死不退精神的黃總教練到處「踢館」。

「有人說，地震給我們一個契機來成立空手道隊，其實如果沒有使命感，拿什麼來這裡搏鬥？」前八年，黃泰吉幾乎成了專業陳情人，學生家長健保費、喪葬費繳不出來，跑去九二一重建委員會陳情。為了讓學生可用空手道單項成績保送升學，有高中、大學可就讀，他和人稱許阿嬤的許阿甘議員北上向立委陳情；連當時阿扁總統到南投巡視災區，也去攔截，差點被國安人員抓起來。當各級長官聚集全國中等學校運動會開會，他在外頭探頭探腦，人家以為他是空手道協會會長，沒想到只是一個小小的教練。

「這麼多年來遇到困難，我只有生氣、但沒有放棄。本來是條死巷，現在我們把它鋪到十六米寬。」黃泰吉欣慰的說。雖然他曾讓很多委員、官員頭痛，但是後來都變成好朋友，這些人到各部會後反而幫了不少忙。也讓更多企業、民眾知道國姓空手道隊的故事。當他們把五百萬存款耗盡時，卻適時得到許多友善的捐助。「像台新金控與PayEasy在二〇〇五年的『希望種子，灌溉計畫』中幫我們找到七百個信用卡小額持續捐助人，每人每月三百元，解決了宿舍房租和餐費問題。真的很感謝！」

在兩位教練的身教之下，孩子都訓練得夠獨當一面、不怕困難。「現在看自己以前寫的陳情書，還會覺得很好笑。」曾麗如說，以前黃教練不會用電腦，所以陳情書都由她負責。企業捐款開始進來後，為了讓捐款人節稅，要把協會法人化，她自告奮勇跑到南投法院辦公室，求對方教她一條條寫規章，不達目的絕不放手。「我在教練身上學到，沒有路的時候，任何方法都要去試，敢要才會有。」

「就像在比賽時，打人用A招不管用，馬上改B或C、D、E，自己要嘗試判斷。」黃泰吉說，運動員的內心有很多答案，永遠看到可能性，不像傳統考試，寫錯答案就被老師否定，以為人生只有一條路。就如同這群孩子，只要願意給機會，讓他們找到自己的天賦，一個個都會爬出頭。

這些年，他們親眼看到九二一之後雖有大量社會資源進來南投，但心靈與教育這一塊才是重點。「人的心理如果沒有真的堅強起來，仰賴別人，很快又打回原形。我們把學生養大，接受高等教育，這些變成國手的孩子，以後成為教練，可以幫助更多弱勢的人。」

老天安排，邂逅不一樣的人生風景

現在，他們打算把資源轉給更弱勢的原住民，每週二早上到南投仁愛鄉布農族卡度部落當義工，協助訓練棒球隊體能。「四十幾個孩子有十幾個衣褲都有破洞，下次上山要找人帶台裁縫車上去補。」因為永遠都是衝到第一線，廖德蘭與黃泰吉總是比別人先發現問題。

「像賽德克族男生身高一八〇、女生很漂亮，血液裡藏著祖靈的驕傲；布農族社群重視榮譽與團結，一位得到總統教育獎的孩子，願意將獎金分享跟自己同樣背景的族人，讓她去學電腦考證照。」廖德蘭努力認識不同族群的民族性與價值觀，才能夠引導孩子，抓住他們的心。她還特別聘請老師來教母語，讓孩子學習文化不中斷。

廖德蘭說，原住民很優秀，藝術、運動、音樂、舞蹈方面，只要給他們一點點機會，整個人生就改變。「但是留在山上，再好的木頭都會腐朽。國小一畢業就要帶出來受教育，成為精英，才能對部落有貢獻。離開是為了回家。」

黃泰吉回想來南投的這段日子，經歷許多悲喜交集的故事，卻讓心靈更充實。最感動的是一場靈堂前的空手道表演。「那時是地震之後的兩三年，一位學生的阿公過世，阿公生前最遺憾的是因為重病在床，沒看過孫子打空手道。」

出殯當天，黃泰吉和廖德蘭帶著四、五十個學生，來到阿公的靈位前，「進場……奏樂，那場面太震撼了，在場的家屬親友都流淚，不是感傷，而是感動！」學生表演完，也抱在一起哭成一團，大家都相信阿公一定看到了，而且會一直庇佑著空手道隊。「後來那位學生的成績一直都很好，也拿下了全國冠軍。」

「或許一切都是天意。」黃泰吉清楚記得九二一地震那天，住家大樓瓦斯氣爆，緊急帶著孩子逃出，卻聽到對門有求救聲，連忙用後踢踹開變形的大門，才救出了一對姊妹花。「之前

震震出來的一支空手道隊。孩子們卯起來練習。（駱亭伶 攝）

教練全家福。右一為姪女。

雖然比鄰十多年，彼此不曾交談，卻在生死之際相逢。」他想，或許這場災難，就是要讓人走出舒適的生活，打開逐漸麻木的心，看見彼此的需要，邂逅不一樣的生命風景。踹開窄門的背後，原來是更寬廣的天空。他相信，一切都是老天的安排。（撰文 駱亭伶）

避免孩子在寒暑假中生活鬆散，都會特意安排移地訓練。圖為國姓空手道隊在旗津海邊集訓。

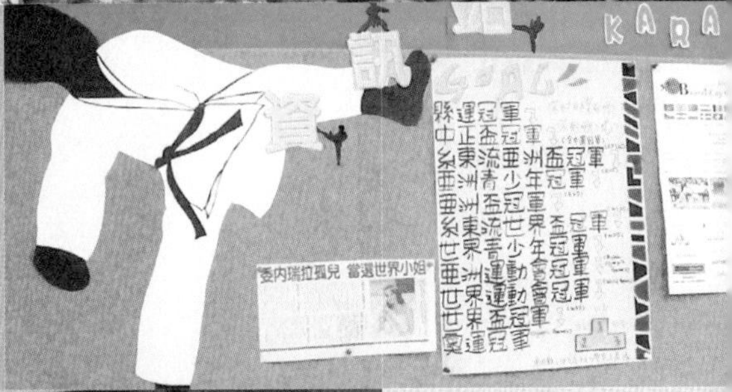

練習教室的牆上貼了滿滿的獲獎報導。（駱亭伶 攝）

2007 年參加香港亞洲盃空手道比賽成績輝煌，返國後在國姓鄉境遊行。

王貴香

南投晨軒梅主人

從梅農轉型成立青梅加工廠，在遭遇多次颱風與九二一地震後，負債千萬的王貴香從谷底重新爬起。十多年前開始奉行有機概念，願意以兩倍價格收購外觀較醜，卻無毒健康的台灣青梅，鼓勵梅農永續種植，而被稱為「梅農的土地婆」。

為爛熟梅子找出路

她，是全台灣最會賣梅子的女人。二十多年前，市面大都是散裝零售的無名酸梅，她就懂得開發各種醃梅口味並自創品牌。

她，也是台灣最苦命的歐巴桑。遭逢多次天災地變，奪走住屋、梅園與工廠，阻斷了出路，但颱風、土石流、地震都擊不垮她的意志。工廠倒了，可以重建，路斷了，就靠雙腳走出去賣梅子，拚到後來，連銀行門口都出現她的人形立牌，大家一看到她，就想到南投信義的梅子。她總是不厭其煩地說：「台灣梅子是最健康的食品，一定要讓大家知道。」

王貴香的人生，是與台灣梅子同甘共苦的人生，也是她拚命跟老天討價還價要回來的人生。

苦日子磨練出來的不服輸

王貴香出生於南投信義鄉神木村——台灣早期梅子的主要產區，從小就在梅林間長大。提起老家，王貴香最深刻而歡喜的印象就是每年四月梅子熟透時，一靠近梅園那股沁入心底的香氣。然而，每當盤商無意收購，七、八公頃的梅子只能任其掉落，短短一週內，香氣轉為濃濃的酸腐味，也是令王貴香最難受的。

被動的等待，從來就不是王貴香的風格。成長於艱困環境，父親好賭、母親受不了暴力而離家北上工作，使她從小就知道如何想辦法養活自己。童年家中唯一經濟來源是靠四哥、五哥走上兩天的路，去阿里山打零工，半個月後再把米背回來。每當米甕提前清空，十二歲大的王

貴香就會在半夜跟隨隔壁大姊入深山採野菜，下午拿到街上賣，換得麵條後才能回家煮給妹妹們吃。異常艱辛的苦日子反而磨練出她不服輸的獨立個性。

二十三歲那年，嫁進也是同村家中三代梅農的家庭。一九七八至八七年是台灣梅子外銷的極盛期，當時，村裡家家戶戶一年四季都為種梅、採梅而忙，採下的梅子就交給中盤商醃漬後外銷日本。

王貴香想起，每當自家的醃梅分送鄰居，總是贏得讚賞，甚至有人想購買，於是便跟婆婆商量自己來做梅子加工，才不會再受制於盤商。王貴香積極到屏科大、嘉義農專上課，學習食品醃漬的原理，回來再摸索製作並研發各種口感，也跟著農委會到日本知名的紀州梅產地和歌山縣觀摩。

她看到日本梅子完全無添加任何防腐劑、色素與糖精的作法，深感佩服，但缺點卻是鹹到難以入口，不符合台灣人的口味。王貴香心中暗自許願，有一天一定要研發出一種完全不放糖、鹽和防腐劑，卻仍能儲存的梅子，是最健康且適合台灣人的鹼性食品。

不斷實驗，做出六十種口味

「最大宗的採梅期是在四月，但是做梅精只要六分熟，所以三月中旬就得開始採收，之後是製作七分熟的脆梅，Q梅與話梅需要八、九分熟，十分熟的梅子就拿來做梅子醬。」王貴香研發梅子的熱情與衝勁，不輸竹科的工程師或實驗室的科學家；直到現在她店裡還藏著一甕甕親手壓上日期，等待觀察酵素反應的實驗梅子。每當失敗了，她總趁著節儉的老公沒注意時，整罐倒掉。就是這種不怕失敗、勇敢嘗試的精神，讓王貴香三年後就做出了全然無糖無鹽的健康梅，口味也從一種擴展到六十種。

相信「字典裡沒有難字」的王貴香，梅子加工生意做得很好，供不應求，貸款買下梅園與機器，擴大生產。沒想到，老天的考題也隨即而來。先是一九九四年道格颱風重創神木村，受雨水沖刷的土石流灌進王貴香的房子，沖走了梅園，生命財產瞬間遭受侵襲剝奪的痛苦，讓她難以承受。

當時抱病的慈濟證嚴法師仍堅持親自前往災區探視，「東西沒有了為什麼還要想它？」觸到上人溫柔慈悲的眼神，王貴香停止了哭泣，整個人醒轉過來。王貴香下定決心要靠梅子重新站起來，重回老家打拚。沒想到，兩年後賀伯颱風的侵襲更加可怕，王貴香的家也未能倖免，幾萬斤的醃梅就和在黃泥裡，孩子更差一點被土石走山給掩埋。事後很多人都問王貴香為何明知危險還不離開老家，「實在是身上背了上千萬的銀行貸款，沒錢再買厝啊。」

苦難的人沒有悲觀的權力，第二次的變故沒有讓王貴香倒下去。她接受了獅子會的住屋，以及慈濟、扶輪社等各界的捐款，暫時解決了住所和孩子的就學問題。夫妻倆開始將注意力全部放在還債上。

有人說，巨大的苦難難免會讓人心碎，但是當心遭受重擊而整個碎開時，來不及再執取些什麼，心量反而打開，變得柔軟與寬容。其實，王貴香的老家和工廠在國軍協助清理完的隔天，小偷後腳就跟著進去。用鐵剪將十二扇鐵門及機器設備的白鐵部分剪光，真是「厝頂破洞又逢雨」。但王貴香願意相信，或許小偷比她家更窮，更沒辦法生存下去。

王貴香知道在花季來臨前，樹葉掉落，滿園蕭瑟，只剩蒼勁嶙峋的老梅枝獨自撐起灰色的天空。但是她也見過，當葉片完全落盡時，看似最凋蔽的那一刻，卻往往包醞了最大的生命力，隔天滿滿的花苞冒出頭，胭脂飛雪的景致將不會太遠。

從谷底爬起，投入有機生產

一無所有的時候，反而更能激發出潛力。王貴香和先生更認真地照顧梅園、醃梅子，一天工作十六個小時，主動把梅子送到全台各大風景區給店家試吃、寄賣。星期假日就參加南投縣政府免費提供攤位的農特產展售會。每次出門，王貴香總是將那台八百CC的貨車塞得滿滿的，再放上為省錢只好睡車上、禦寒用的棉被，滿心想的都是只要將貨載出去，就可以換錢進來。

十多年下來，終於靠著一罐罐的梅子逐漸將債務還清，還買下門市住家與工廠，王貴香內心終於感到真正的踏實。

多年後，曾有大學生來災區採訪王貴香，聽到她的學歷只有國小三年級，不禁楞了一下。

王貴香笑笑說，「不用奇怪，你讀到大學，你會的我也不會，而我會的你也不會，人都是在互相切磋學習中成長。」事實上，王貴香身上還真有一樣別人學不來的東西，就是異常敏感的體質。她只要聞到香精就會流眼淚，吃到含糖精、色素食品，或是打了生長激素的水果嘴巴就破皮，連貼個狗皮藥膏，皮膚也腫得像麵龜。

加上老公突然得了肝病，王貴香意識到向來不菸不酒的他應是管理梅園時噴灑農藥和除草劑所致。為了改變先生的習慣，每當寒假期間，王貴香特意支開先生，請其到花蓮去參加展售會，一去就是十天，回來時已錯過了噴藥期。三年下來，梅子收成並未受影響，使王貴香更有信心。她上山去找有老梅樹的梅農，跟對方講好，如果梅子檢驗出來不含農藥，就用雙倍的價格收購，如果驗出來有農藥，她一顆也不要。

沒想到，夫妻倆的敏感體質反而成為轉型的契機：凡是自己不能入口的，也絕不能放進加工的過程中。這使得王貴香比別人更早就走上了現在當紅正夯的「無毒、無添加」的天然食品之路。

相信路不會白走、淚不會白流

回想起來，王貴香說自己的人生就像是麥當勞的M型的道路，總是在從谷底攀升往上時，又急速下墜，但她相信走過的路都不會白費。而王貴香口中M型路的最後一個彎，指的是九二一地震再度重創了南投信義鄉。當時門市工廠也是半倒，但是王貴香不再坐困愁城，知道

有人比她更需要幫忙，主動投入協助災民的工作，連門市也成為救災人員與物資的連絡轉運站。

大震過後的大半年，巨大土石仍然阻擋在路中央。道路不通、遊客進不來。到了梅子採收期，儘管沒有契作關係，附近的老梅農們還是不斷把梅子堆進來，「除了你，我不知道要把梅子拿去給誰？」王貴香看著門市堆積如山的梅子不知該說什麼，當時她的銀行貸款尚未還清，被利息壓得喘不過氣來，實在沒有餘力收購，只好跟阿伯說，「梅子我先收下，等下週向銀行小額貸款錢下來才能給你。」

這段對話，引起了一群當時在門市裡前來關懷災區的台北年輕人注意，主動對王貴香說，「我們公司可以幫你用電腦賣梅子。」王貴香半信半疑，沒有放在心上，想不到這群年輕人正是台新金控的災區協助團隊，回到台北後，以一篇「梅農的土地婆」的文章，引起了極大的迴響。透過台新金控及PayEasy網站推動的「關懷台灣」專案活動，幫原本困在故鄉走不出災區的梅子，找到一條出路，也從此打開了晨軒梅的知名度與銷售通路。

王貴香相信「戲只要有人演，就有人有看」，或許這條路她走得比別人曲折，但也因此有更多機會感受善意與關愛。這幾年生活穩定之後，她將過去接受捐助的善款一筆筆再捐給需要的人，「只要自己還有能力，該幫的人就要幫。」

二〇一一年七月，她跑到南投縣消防局說要捐一台消防車，接洽人員看王貴香開著一輛舊貨車，不敢相信眼前這位歐巴桑有辦法捐贈上百萬的救護車。這一切，只為了圓滿她放在心底的一個願望。

十三歲那年的元宵節晚上，王貴香的爸爸意志消沈，決心自殺並帶走三個女兒，以免留在人世間受苦。王貴香在睡夢中遭到砍殺，與妹妹掙扎逃出，四哥背著她一路狂奔，從山上跑到大街上尋求救援。幸好找到一位隔日準備出早班的員林客運司機，這輛暗夜中急馳的巴士在石頭路上開了一個多小時，才將王貴香載到水里醫院急救，縫了兩百多針，挽回了她的生命。

每當想起往事，王貴香總是心存感謝。儘管每年秋風吹起，仍會不自主地泛起淡淡憂鬱，但她知道，老天讓她活下來一定是有道理的。或許就像老一輩果農說的，每年春天總要狠下心來在果樹近根處砍上幾刀，減少水分吸收，來年才得以看見花果繁盛。王貴香這麼相信著。

（撰文 駱亭伶）

王貴香研發梅子的熱情不輸實驗室的科學家，至今已成功推出六十種口味。（駱亭伶 攝）

王貴香相信，當樹葉落盡，梅花盛開的景致也不遠了。（ 駱亭伶 攝）

製造過程堅持使用無毒、無防腐劑的原料，讓消費者享受健康美味的台灣梅子。（ 駱亭伶 攝）

前台新金控總經理

林克孝

公司、家庭與南澳，林克孝都真心用情，全力付出。最後，他用生命回答了這個問題：一個人要怎麼活，才叫認真，才能一步步靠近夢想。

永不停止找路的勇者

karim rashid
PRAIRIE STYLE
The Art of the Shoe
historical atlas of music
DESIGN FOR IMPACT

「沒有比『認真』更適合詮釋林克孝了，」台新金控財務長林維俊、也是林克孝好友說：「公司、南澳和家庭，克孝的生命就在這三塊打轉，每一塊他都真心而用情，全力付出，一直到最後……」

林克孝從小跟隨父親林文仁爬山，國中時就投稿寫山林野趣，成功高中登山社的創社元老便是他。讀台大經濟系時，專攻三千公尺以上高山，與山友完成台灣首度玉山東峰北壁攀岩，同時擔任台大現代詩社社長、台大校刊副總編輯。三十年後為他的唯一一本書《找路》寫序的台大外文系教授張小虹，兩人便是相識於社團。「總還記得在活動中心二樓天井迴廊的一端，遠遠望見穿著登山衣、登山鞋的林克孝，永遠像是剛從山裡回來的陽光男孩」，那是張小虹記憶中林克孝的青春。登山回來，林克孝就寫詩。

帶著山刀與詩，林克孝赴美攻讀經濟博士。一九九〇年學成回國，獲邀至台証證券擔任副總經理。所以，張小虹再見林克孝時，他已是叱吒金融界的經理人，穿西裝打領帶，運籌帷幄，高爾夫球技臻臻日上。

然而，青春隱沒的林克孝，仍還是那個爬山的「陽光男孩」。

著迷泰雅族歷史，關懷原住民朋友

二〇〇〇年，林克孝進入宜蘭南澳山區探勘，由淺入深，深到後來踏上「沙韻之路」，試

圖找回南澳通往宜蘭的失落古道。這一切，開始於一首「月光小夜曲」。林克孝先是喜歡這首歌，然後發現它其實是山寨版的「沙韻之鐘」。一九三八年，一個十七歲泰雅族少女沙韻．哈勇和同學一起替派駐在南澳山區流興社的老師背負行李，快走到南澳時，沙韻在一條獨木橋上落水失蹤，因此有了一首紀念她的歌，一口紀念她的鐘，一部紀念她的電影。少女落水事件成了一則傳奇。

命運注定般的傳奇。「但命運本身就是不需解釋為什麼，這個事件就是命運最極端的呈現」，林克孝如此註解沙韻的傳奇。也是無法解釋的命運，林克孝被捲入沙韻故事，從迷戀般地蒐集所有關於沙韻的歷史訊息，到拎起山刀砍進已被大自然掩埋的流興社，因此認識一些泰雅族朋友。到最後，他把「有系統地為泰雅祖先居住地記錄與定位」，當成必須完成的一個功課，一個使命。

他也想在現實上幫助泰雅族的朋友，替他們在城市謀求工作。所以，當泰雅族導演陳潔瑤在南澳山區拍攝原住民電影「不一樣的月光」，他毫不猶豫地以個人名義資助。

同時，他還想讓更多人認識南澳，關心南澳。二〇〇五年，林克孝帶著《商業周刊》記者和攝影進入南澳山區，一路揮著山刀，循著日治時期的比亞毫古道來到老武塔部落舊址，準備找出七十年前的老校區。那時，他是台証證券總經理兼台新金控財富管理事業群總經理。

同行的記者無限驚詫，不太相信那個用山刀開路的豪邁男子，和平日拘謹斯文的總經理，竟是同一人。

山與金融，南澳和台新，兩條平行路交會於林克孝一身。當他不再攀爬高山，轉而瘋迷地在中海拔南澳山區尋找一條路的同時，在高度競爭的金融圈，他的位子也愈來愈高。

不能怕，而且非贏不可

二〇〇七年一月，林克孝被徵召擔任台新金控總經理。接受《遠見》雜誌專訪時，他如此說明當時的心情：「我好像從小聯盟球員，突然被叫上來打大聯盟，當然會覺得這工作大於原來的挑戰，但是也不能怕。怕，就完了。」

他不能怕，而且非贏不可。擺在眼前的三大使命：打消呆帳、引進新資金以強化資本適足率（CAR）、調整成本結構，這些都是當時台新金結構性的問題。

台新在信用卡、現金卡雙卡風暴中受傷慘重，呆帳曾高達一千多億元，林克孝接手時已打消七百多億元。他與董事長吳東亮帶領經營團隊繼續清理壞帳，一方面控管不再流血，一方面引進新橋資本、野村集團、索羅斯基金等外資資金達三百五十億元。每一場戰都是硬戰。林克孝親自披掛上陣，充分發揮他溝通與說服的能力。清理壞帳加上外資引進，台新壞帳比逐漸降到低於〇．二％；覆蓋率，也就是承受呆帳的能力，超過七〇〇％。

資本適足率後來獲得解決，林克孝和經營團隊做了一個重大決定，就是在二〇〇九年底以兩百九十億元出售台証證。這筆資金進來，正好填補台新金因併購彰化銀行而被套的三百多億

資金，一舉改善台新金資本體質。

台証證是林克孝效力了「一輩子」的公司。九〇年代初期證券業技術指標掛帥，研究無人聞問，後來外資開放，證券公司急需扎實的研究人員與英語人才，這讓學者型的林克孝感覺「工作變得有意義」，終於安心走金融市場這條路，同時也到台大財金系兼課。台大財金系教授邱顯比說，林克孝教的總經分析，總能把經濟體系和金融市場令人眼花撩亂的現象，用清晰的理論架構說明分析。

為拯救台新金而賣掉台証證，當時代表台証證與凱基證券簽字的林維俊最能了解林克孝的難以割捨。但從此之後，「台新金蛻變為健康寶寶」。二〇一一年，吳東亮給台新金打的成績是「近乎一百分」，這一百分有林克孝一百分的努力。有人曾問林克孝在台新金扮演的角色，他以「我是專門踩煞車的」輕輕帶過。「他太客氣了，」林維俊說：「他的貢獻豈止於踩煞車？」

「極端理性的經理人」是《遠見》所觀察到的林克孝。跑台新金的記者對林克孝的評語為：「一個對油嘴滑舌外行的異類。」雖然經常會為他的「你知道的，這部分我不能說」跳腳，卻不得不欣賞他的誠懇、謙遜。「他說的都是真話，不能說的，也不會故意誤導你，」當年在《自由時報》跑財經、現任 PayEasy 公共事務部副總經理陳中興說。

打呆帳、引外資的同時，林克孝也肩負打造台新的企業形象。

設立於二〇〇二年的「台新藝術獎」，是台新銀行文化藝術基金會所創辦，林克孝一開始並未參與。接任總經理有進一步的接觸之後，他發現，藝術家「和想像的不一樣」。特別是從事前衛藝術的年輕人，其清苦與辛苦的程度，確實需要企業的贊助與鼓勵，「就算金融風暴也不能停下來。」「藝術這種東西啊，」他曾經這樣解釋自己與藝術的相遇：「你不去接觸沒事，日子照樣過，一旦遇到一個超級解說員把你帶進去，就再也出不來了。」

台新金的公益事業也不做「被動的捐助」，而是「主動出擊」。林克孝最常對推動「關懷台灣」系列、架設公益平台的台新子公司 PayEasy 說：「要給釣竿，教釣魚。」這便成為台新金「做公益」的核心，寧願多做一點工、多給些醞釀期，以建構合作夥伴自給自足能力為目標，而不是單單給錢。

在這樣的理念下，PayEasy 找到一群認真耕種的稻農，為他們架設交易平台，又進一步爭取企業和稻農之間的契作。其實這根本無利可圖，若非得到「高層」支持，實在窒礙難行。二〇〇九年八月莫拉克颱風後一晚，林坤正、陳中興被林克孝找去開會。「台新可以做什麼？」他問。結果那一年，被水淹到的田，只要屬於公益平台的稻農，台新全部認養下來。「我們沒有建議，這完全是克孝總的決策。」林坤正說。

當 PayEasy 被廖德蘭、黃泰吉教練與南投國姓鄉空手道少年的故事感動，決定把公益的對象從茶葉、稻米等「產品」延伸到「人」時，林克孝第一時間就跟著林坤正去了解狀況，親自

體驗。「他以善意對待每一個人」，這是黃泰吉對林克孝的第一印象。

「你深信人生而平等，都應該被尊重。你的真誠，讓你交了很多原來離你生命軌跡很遠的朋友，以及交情還稱不上是朋友，卻衷心喜歡你的人……」在林克孝的追思會上，邱顯比寫了一封信給他。

黃泰吉就是「離生命軌跡很遠」的朋友之一。朋友的意思是，地震的時候，他會馬上打電話關心你；你到台北可以打電話給他，他再忙都會出來和你見面；他會請你帶著空手道少年到家裡烤肉。「想想看，一個金控總經理怎麼可能隨便讓人進入他家？」黃泰吉問。就是因為林克孝，黃泰吉透過學校找出具有運動天賦的原住民孩子，把他們帶到空手道隊，教育、訓練、照顧，在他們茫然的人生中，打出一條希望之路。

墜谷前兩天，林克孝才剛請黃泰吉、南投仁愛鄉中正國小校長周玉娜和兩名獲總統教育獎的空手道少年吃飯。黃泰吉記得，林克孝還問校長可不可能透過儲蓄幫助原住民家庭，並且提到退休後要為原住民做更多的事。「他不是把做公益當成工作，而是他真心想做的事。」黃泰吉說。

就是因為這樣，或僅止一面之緣，或素不相識的人，紛紛湧入「林克孝 台灣的土地 台灣的人」粉絲專頁留言。林克孝用生命喚醒多少人昏瞶的人生？有人說，每一次拿出台新信用卡，就會想到林克孝。那一張卡似乎連結著他的認真、浪漫、傳奇……。

眞心以對人生的每一個主題

事業、家庭、南澳，林克孝認真地燃燒。從世俗的角度，他對有些事情的認真是可以理解的，譬如專業能力、工作表現，並以工作為圓心延伸到藝術欣賞、打高爾夫球等等，這個領域的林克孝可謂克盡己職，而且達到顛峰，是世俗定義下的成功者。但，不僅如此。從小，林克孝就極為體貼父母，特別在自己有了孩子以後，更加感念父母的付出，儘可能抽出時間關心陪伴。對孩子也是，二〇一〇年，林克孝代表台新金受邀至上海世博會台灣館參觀，午餐才吃一半就離開，為的是趕回台灣給女兒過生日。

「他每天回家一定先陪孩子玩，等孩子睡著後，再拎著一壺茶到書房看書。」林維俊說。林克孝讀他人生的第一號偶像鹿野忠雄的博物誌、楊南郡的古道勘查報告、經濟學期刊、連峰宗繪製的地圖、《看見十九世紀台灣》、《烏來的山與人》、《百年孤寂》、《影響中國經濟改革的稅制》……。一如其閱讀的駁雜，《找路》以馬力全開的知識，不羈的熱情和自我調侃的幽默，寫出了傳奇色彩、魔幻寫實、人情溫暖與歷史厚度，還置入少年時的詩作，成為一本會搖動人心，卻讓編輯無法歸類的書。

另一方面，他對有些事情的認真，則是無法解釋，超越現實的。

只要講到山，講到南澳和泰雅族，林克孝就變得浪漫非常。林維俊記得有一天，林克孝接

到一個泰雅朋友電話，問他能不能為武塔國小十個畢業生買禮物。朋友開了一張禮物清單讓他挑選，結果林克孝沒挑選，全部都買，不但買，還親自送到南澳，「他明白自己的身分，知道這樣親自送過去，對孩子有多麼大的激勵作用！」

林維俊從未勸阻過林克孝往山裡去，「我無法體會克孝去的地方有多危險，所以也從來沒有想他會出事。」接到林克孝妻子電話，告知出事的那一晚，林維俊當下反應是「不要跟我開玩笑……」

邱顯比也相信，雖然林克孝的意外讓他成為台灣家喻戶曉、同聲惋惜的人，也成為未來很長一段時間感動人心的傳奇人物，但他想，林克孝一定會這樣說：「如果可以，我還是比較想抱著老婆小孩平凡終老。」

但他終究不能平凡終老。如果說，人生的主題只能是單選題，林克孝就是跨出界線了。他的成為傳奇，就是他對待每一個人生的主題，以及在每個主題遇到的人，都真心到極致。

那是無法解釋、也不需解釋的命運。（撰文 蘇惠昭）

攀登塔關山留影。

2007 年，林克孝(中)造訪南投國姓空手道隊。左為 PayEasy 總經理林坤正，右為教練黃泰吉。

邀請原住民小朋友到家中做客。

2007 年，率領台新金控同仁參加大台北「國際無車日」活動。

圖片來源

第二〇、二一頁　吳文輝提供
第三一頁　李文煌提供
第四二、四三頁　魏海敏京劇藝術文教基金會提供
第五四、五五頁　黃明正提供
第六五頁　王文華提供
第七七頁　優人神鼓提供
第八六、八七頁　吳俊賢提供
第九七頁　翁良材提供
第一〇七頁　無垢舞蹈劇場提供
第一一六、一一七頁　新台灣壁畫隊提供
第一二六、一二七頁　豪華朗機工提供
第一三七頁　鄭家鐘提供
第一四六、一四七頁　莎士比亞的妹妹們的劇團提供
第一五七頁　和菓森林提供
第一六六、一六七頁　崔廣宇提供
第一七六、一七七頁　黃明川提供
第一八六、一八七頁　許志鵬、駱亭伶提供
第一九八、一九九頁　黃泰吉、駱亭伶提供
第二〇八、二〇九頁　駱亭伶提供
第二一一頁　台新金控提供
第二二〇、二二一頁　台新金控、林克孝夫人提供

綠蠹魚叢書系列 YLM14

認真

20個突破生命框架的故事

撰文——蘇惠昭・駱亭伶・方雅惠
人物攝影——陳建維
封面題字——董陽孜 女士

總編輯——黃靜宜
專案主編——王慧雲
編務協成——張詩薇
美術設計——王廉瑛
企劃——叢昌瑜・葉玫玉

發行人——王榮文
出版發行——遠流出版事業股份有限公司
地址——台北市一〇〇南昌路二段八十一號六樓
電話——（02）2392-6899
傳真——（02）2392-6658
郵政劃撥——0189456-1
著作權顧問——蕭雄淋律師
法律顧問——董安丹律師
輸出印刷——中原造像股份有限公司

二〇一二年四月十日 初版一刷
二〇一二年六月十五日 初版四刷
行政院新聞局局版臺業字第 1295 號
定價三五〇元

Printed in Taiwan
ISBN 978-957-32-6962-5（平裝）
YLib 遠流博識網 http://www.ylib.com E-mail: ylib@ylib.com

國家圖書館出版品預行編目（CIP）資料

認真：20 個突破生命框架的故事 /
蘇惠昭 駱亭伶 方雅惠撰文 .
-- 初版 . -- 臺北市：遠流，2012.04
面； 公分 . --（綠蠹魚叢書系列；YLM14）
ISBN 978-957-32-6962-5（平裝）

1. 臺灣傳記

783.31
101003866